SÉBASTIEN
THOEN

Chagrin d'humour

Harper
Collins

Conception & réalisation graphique : Caroline Gioux.

HARPERCOLLINS FRANCE
83-85, boulevard Vincent-Auriol,
75646 PARIS CEDEX 13
Tél. : 01 42 16 63 63
www.harpercollins.fr
ISBN : 979-10-339-1304-7

Avertissement :

Cette œuvre, inspirée de faits réels, peut contenir des propos incroyablement sympathiques comme honteusement choquants, des scènes authentiquement vraies comme totalement fantasmées. Certains noms ont été volontairement modifiés pour préserver l'anonymat de chacun, et en particulier celui de personnalités influentes dans le monde du spectacle - l'auteur pensant encore à un avenir professionnel dans le secteur. En gros, il y a beaucoup de vrai et un peu de faux… Quant au reste : démerdez-vous.

À Lucien et Laury, mes cœurs, ma vie

Aux familles Thoen et Olympienne

Aux abonnés de Canal +, au Crédit Agricole
et à la pizza napolitaine (mais sans câpre)

Préface

Cher(e) toi,

Tu as cet assemblage de feuilles manuscrites recyclables dans les mains et tu te dis que pour le même prix tu aurais pu acheter deux jeux à gratter*, cent grammes de chouquettes et le DVD des *Babas-cool* (chef-d'œuvre méconnu et sous-estimé de la troupe du Splendid).

Mais tu dois aussi te demander pourquoi un clown qui a fait huit blagues à la radio, trois émissions de télé un peu regardées, présenté des gangbangs et piégé cinq personnes âgées en caméra cachée, a écrit un livre.

La réponse est pourtant simple et sans appel : si je ne le fais pas, moi, qui va le faire ?

Post-scriptum : l'essentiel des séquences et des événements mentionnés dans cet ouvrage sont trouvables sur l'Internet. C'est assez simple, il suffit de brancher son ordinateur sur secteur, de l'allumer, d'attendre que le bureau sur l'écran s'affiche, puis de cliquer sur un moteur de recherche. Enfin, on se contente de taper le nom du sketch pour arriver à une vidéo ou un article de presse qui devrait correspondre à la recherche espérée.

Cordialement.

---

* *Astro*, ça gagne bien, *Black Jack*, pas mal aussi. (NdA)

MAUDIT NOVEMBRE

Lundi 23 novembre 2020, 10 h 43. Je me balade tranquillement dans un jardin public parisien, grand comme un F2, quand le directeur des programmes de Canal+, Gérald-Brice Viret m'annonce au combiné sans fil : « Sébastien, le sketch sur Pascal Praud pose vraiment question... Je ne peux pas te garder à l'antenne. »

Je suis sous le choc. Ça y est : c'en est terminé de mon CDD depuis vingt ans renouvelé.

Adieu le Disneyland du rire, adieu le Louvre du Lol, adieu le Taj Mahal de la vanne, adieu Canal+.

De toute façon, je me doutais que cela finirait mal. Il faut dire que tout ça n'avait déjà pas très bien commencé...

ITINÉRAIRE D'UN ENFANT GÂTEUX

« Même en dormant, je continue de rire. »

Henry Miller (1891 - 1980)

Vous allez rire, mais... Je me souviens très bien de la première fois où j'ai fait rire. J'ai sept ans, j'habite en Île-de-France, je marche dans la rue et au loin j'aperçois une boulangerie. Enfin principalement ce qui trône à l'intérieur : des croissants. Mon sang ne fait qu'un tour, j'envoie alors tout valser sur mon passage : le Caddie du retraité, la poussette de la voisine, la pancarte du rom « 3 enfants, s'il vous plaît », et même mon complexe d'Œdipe puisque je lâche violemment la main de ma mère sans aucun traumatisme... pour le moment. Je n'ai pas encore vu que la porte du commerce de pain est vitrée. Je n'ai d'ailleurs même pas remarqué qu'il y avait une porte. Dans mon esprit d'enfant, il n'y a rien entre moi et ma viennoiserie préférée – ni barrière, ni bonjour, ni argent, ni merci, ni merde. Je fonce donc tête baissée, des rêves de pâte feuilletée plein la tête... C'est mon nez qui tape en premier, puis mon corps s'écroule sur la chaussée. J'éprouve une douleur intense mais je ne saigne pas, et je pense toujours au croissant, alors je ne pleure pas. Lorsque je me relève en revanche, c'est une autre mayonnaise : j'ai mal au nasal, la tête qui tourne et devant moi se dresse un petit garçon de mon âge. Un rouquin en bermuda. La pire des races. Il rit, vraisemblablement de ma cascade involontaire. Je m'approche et suis à deux doigts de lui adresser un coup de pied dans les tibias, mais ma mère, telle l'OTAN, arrive en panique et sépare les belligérants que nous allions devenir. Je garde encore aujourd'hui les stigmates physiques de l'incident, mais à l'époque c'est surtout psychologiquement que le bât a blessé. Depuis ma naissance, j'aime rire et faire rire, sauf que cette fois-ci c'est à mon insu et, en plus, j'ai mal. Les jours suivants, la situation ne s'arrange pas. Je rejoue indéfiniment la scène dans ma tête, je vois dans le miroir mon nez rougeâtre prendre les formes étranges, je cherche le rouquin au jardin d'enfants... Oui, je fulmine, c'est ça ! Je cherchais le mot. Mais, la nuit suivante, un événement incroyable qui va changer définitivement le cours de ma vie se produit. Je ne sais toujours pas si c'était un rêve ou une hallucination, mais toujours est-il que dans la nuit le visage du dieu du rire, disparu quelques mois plus tôt, apparaît sur le plafond de ma chambre. Il est là, magnifique et serein : Louis de Funès, habillé en gendarme. La conversation commence.

DE FUNÈS

– Sébastien ?

MOI

– Monsieur Cruchot ? Génial ! Mais qu'est-ce que vous faites sur mon plafond ?

DE FUNÈS

– Tss tss ! Regardez-moi là ! Dans les yeux, là !!

MOI

– Oui, oui.

DE FUNÈS (MOQUEUR)
– Alors il a bobo, le bébé ? Gouzi gouzi gouzi ?

MOI
– Oui, un petit peu.

DE FUNÈS (SEC)
– C'est rien. C'est le métier qui rentre.

MOI
– Ah bon, quel métier ?

DE FUNÈS
– Eh.

MOI
– Mais vous êtes où là ?

DE FUNÈS
– Eh.

MOI
– Vous êtes tout seul ?

DE FUNÈS
– Eh, eh.

MOI
– Attendez, je me fais un peu chier ici, j'arrive.

DE FUNÈS
– C'est fini, oui ! Foutez-moi le camp.

Il siffle deux fois et disparaît. L'échange a été bref mais intense. Tout est fou : Louis de Funès connaît mon identité, mon actualité, mon adresse et même mon plafond. Encore plus dingue, là-haut visiblement le costume de gendarme est toléré. Et Louis qui me parle de « métier ». Mais quel métier ? Cascadeur ? Boulanger ? Ou bien humoriste ? À l'époque, pour moi l'humour c'est déjà du sérieux. Je connais les dialogues de *L'Aventure c'est l'aventure* par cœur, je m'extasie devant *Papy fait de la résistance* et *Un éléphant ça trompe énormément* ; j'hallucine devant l'hystérie intemporelle du film *Le Magnifique* avec Belmondo et *Ne nous fâchons pas* de Georges Lautner ; j'encourage mes amis riches qui ont un magnétoscope à se procurer illico la VHS de *Bananas* de Woody Allen et celles de la série des *Porky's*, et je ne rate aucune émission de la *Télé des Inconnus*. Parmi mes héros de jeunesse, j'ai évidemment des musiciens et des footballeurs, mais également de nombreux travailleurs de l'humour : Daniel Prévost, Darry Cowl, Guy Bedos, Albert Dupontel sur scène, quelques programmes de Canal+ (les premières années de *Groland*, l'émission *L'œil du cyclone*), Joseph Hanna et William Barbera, les producteurs de *Capitaine Caverne* et des *Fous du volant*, ces chefs-d'œuvre animés… Mais plus spécifiquement ce sont les grands rôles des comédies mythiques qui me fascinent. Si j'admire Pierre Richard ou Gérard Depardieu, je rêve plus que tout d'avoir la vie de leurs personnages dans le film *Les Compères*. Ça doit être tellement chouette d'effectuer ce voyage sur Terre en étant Perrin ou Campana, d'être un policier comme le commissaire Juve de *Fantômas*, une ordure comme Thierry Lhermitte dans *Le Dîner de cons*, ou une retraitée comme Poupette dans *La boum*. Mais être un authentique comique qui vit de son art me paraît inaccessible. Il faut être un génie, sans peur, sans limites… et j'en suis tellement loin. Je m'exerce bien le dimanche à des imitations de Jacques Chirac avec mon père qui, lui, se mue en interviewer politique. Mais le texte est nul et les imitations, relativement réussies (quand je fais Chirac, on a plutôt l'impression d'entendre Chantal Ladesou. En revanche, je tiens bien Mitterrand. Mais pas le vrai, celui du *Bébête Show*.) Néanmoins mon père jubile, c'est déjà super et puis quelle formation faut-il suivre ? Il existe des écoles de musique, de danse, d'art dramatique, catholique ou coranique, mais il n'existe pas d'école de rire ou de sketch, et puis... et puis, si le roi Louis le dit, c'est qu'en effet c'est peut-être le métier qui rentre, merde ! Et ce nez rouge de clown, c'est peut-être un signe ? Et mon père est gendarme de profession ! Bon sang, tout se recoupe ! Je décide dans la seconde de mettre un terme à mes études classiques. Les professeurs ne me manqueront pas. Ces fonctionnaires à mi-temps ne sont pas méchants mais, même dans mon établissement bourgeois, j'ai le sentiment qu'ils n'ambitionnent qu'une chose pour l'avenir de leurs élèves : qu'ils deviennent eux-mêmes profs et qu'ils votent à gauche. Je ne sais pas ce qui est le pire. Par-dessus tout, ils n'ont aucun respect pour les cancres comme moi, alors qu'il en faut dans une classe. Comme il faut des fayots, des bons élèves, des élèves moyens qui sont contents d'être moyens et d'autres qui le vivent mal, des crâneurs, des crâneuses, des chipies, des débiles... et des cancres. Leur profil est nécessaire et maintient une cohérence propre à toute société homogène, et n'oublions pas ce qui se joue : l'avenir des enfants du pays. Une des missions de l'école est quand même de nous préparer à la vie d'entreprise, non ? Si elle ne remplit pas ce rôle, qui le fera ? Le catéchisme ? Le bar à chicha ? J'irai bien sûr jusqu'au bac, pour les conventions sociales, pour les étrennes de la famille quand tu l'obtiens, mais ce ne sera qu'en tant que figurant. Ça m'arrange et la symbolique est belle : la figuration est un passage obligé dans le monde de la comédie, donc autant commencer tout de suite. De toute façon, je ne regretterai pas le lycée dans son ensemble, car autant j'adore le concept de récré, mais alors autant celui de classe... Si c'est présenté par Fabrice sur FR3, je veux bien, mais sinon... En tant qu'acteur de la vie et dans la vraie vie, je serai amuseur. Coûte que coûte, pour tenir, pour survivre, pour la France. Après cette prise de conscience qui rappelle celle du général de Gaulle quand il gagne Londres ou Rocco Siffredi, le cap d'Agde, je me lance dans l'élaboration d'un sketch. Un vrai : pensé, réfléchi, travaillé, élaboré, mûri, censé être drôle. Préparez vos mouchoirs.

PRÉLIMINABLES

> ***« Rire, c'est se réjouir d'un préjudice, mais avec bonne conscience. »***
>
> Friedrich Nietzsche (1844 - 1900)

Été 1984, je passe une partie des vacances à Roanne dans la Loire avec Jean-François, mon cousin adoré. Plus sage, plus mature que moi, plus con aussi. Un après-midi, j'enfile des palmes ainsi qu'un masque et un tuba, et sur la départementale qui longe la demeure j'interpelle les automobilistes en leur demandant, très sérieusement : « Excusez-moi, c'est où la plage ? »

La mer est à quatre cents kilomètres, mais l'humour est là. Les conducteurs sourient, mon cousin est hilare, et moi, je suis tout simplement au paradis. Bien sûr, d'aucuns diront que la situation devait être sympathique, mais l'ambition comique relativement misérable, pendant que d'autres relèveront que Rémi Gaillard a fait une carrière et des millions avec ce type de création.

Il n'empêche, quel kiff ! Tout m'a plu, du début à la fin : la recherche de l'idée farfelue, la joie de la situation burlesque, le plaisir du déguisement improbable et puis la prise de risque, l'audace artistique. Et oui, imaginez ce qui aurait pu se passer si j'avais croisé la maréchaussée ou Michel Fourniret. Ou pire, si personne n'avait ri.

Deux ans plus tard, ma folie créatrice ne connaît plus de limites : j'habite à Montluçon, en Auvergne, dans une HLM. Avec un copain, on a un jeu irrésistible : on se poste sur un muret qui donne sur la route et, dès qu'une voiture arrive à notre hauteur, on pointe du doigt la partie basse du véhicule avec une mine déconfite pour que le conducteur remarque notre manège et se demande si son pneu est dégonflé ou crevé. On joue à tour de rôle et on compte les points : si le conducteur s'interroge et tire la tronche, c'est un point. Si le conducteur s'arrête et vérifie ses pneus, c'est deux points. Si le conducteur s'arrête, vérifie ses pneus et se rend compte qu'on s'est foutus de sa gueule, c'est trois points et un paquet de fraises Tagada. Je ne me défends pas mal et surtout je ne lâche rien. Quand le chauffeur s'adresse à nous, je persiste dans l'idée que son attelage a un souci et je n'arbore pas le moindre rictus jusqu'à son départ. Mon abnégation est saluée par mon copain. À cet âge-là, ce n'est pas rien, c'est juste le nirvana. Je ris, mais je ris, vous n'imaginez pas. Et il fallait au moins ça pour tenir le coup, car on a tendance à l'oublier, mais la période est compliquée. Bien sûr, les films avec Christian Clavier font encore rêver, bien sûr il y a *Téléchat* et Croque-vacances à la télévision, bien sûr les mélodies de Niagara ne sont pas toutes à jeter, mais force est de constater que les années 1980 sont une période sombre pour l'humanité et, malgré la naïveté liée à mon âge, mon âme est déjà bel et bien tourmentée.

L'année 1988, par exemple, est terrible, même pour les Occidentaux : des attentats, des séismes, Pierre Desproges qui meurt, tous ces futurs youtubeurs qui naissent... De mon côté aussi, on est plus proche de Kiev que d'Ibiza : peu de confiance en soi, pas encore de puberté, pas de console de jeux vidéo de qualité, pas de magnétoscope, donc pas de porno ni de Belmondo, pas de haschich qui se respecte.

Et les premiers maux d'adultes font surface, les premières réflexions existentielles, les premières grandes questions : qui suis-je ? Où vais-je ? Ce George Michael, il est vraiment hétéro ? En tout cas, et même si je n'y vois pour le moment aucun débouché sérieux et rémunéré, j'ai fait mon choix : faire rire ou mourir.

Pourtant, quelle souffrance, tant ce rire peut être est également source de malheurs et de frustrations. Ce rire qui, dès le plus jeune âge, te place automatiquement au dernier rang à l'école, celui des cancres et des parias, rejetés de toutes parts. Ce rire qui panique tes parents car, lorsque le proviseur les convoque, c'est pour leur annoncer que tu es immature, ingérable et d'ores et déjà mal barré pour la société. Ce rire qui explose tout rapport de séduction avec les filles : tu es le mec drôle. Alors, à moins d'avoir le physique de DiCaprio ou de Vincent Perrot, tu seras le bon copain, très rarement le petit copain. Ce rire qui t'habite et qui annihile toute possibilité d'échange social car personne ne te prend au sérieux ! Combien de fois ai-je entendu : « Oh t'es chiant ! On sait jamais si t'es sérieux ou si tu rigoles » ? Mais quoi, on ne peut pas rigoler et être sérieux ! ? La dualité de l'homme, ça vous parle ! ? Alors, on ne pourrait pas être chasseur et vegan ? Rockstar et monogame ? Acteur et cocaïnomane ? Ça sert à quoi d'étudier Camus, Zola et Obispo au lycée si c'est pour voir ensuite le monde de façon aussi manichéenne.

Alors passé les échecs au lycée, à la fac, à l'école de BTS (tous ces endroits invraisemblables que le système a inventés dans un seul et unique but : nous inciter à la consommation de tabac), il est temps de transformer l'essai car à ce moment précis, scolairement parlant, je suis dans l'impasse, pour ne pas dire dans un cul-de-sac. Et les choses sont claires : je ne sais rien faire, je ne veux pas faire grand-chose et, surtout, je ne serai jamais Jeff Buckley ou Alain Minc. Alors que faire ?

La réponse à tiroir arrive tardivement dans mon intellect. Je passe de l'anxiété chronique à l'optimisme le plus profond en un rien de temps, mais surtout je me mens. Je sais très bien ce que je veux, mais je n'ai pas encore le courage de me l'avouer. Je ne viens pas d'un environnement artistique, je n'ai pas de formation adéquate et je sais qu'il y a beaucoup d'appelés pour très peu d'élus. Bottant en touche, je m'invente même des diplômes et des capacités insoupçonnées, des envies de marketing et de comptabilité... N'importe quoi. Mais le pouvoir d'attraction est trop fort et quand je décide de réellement sauter le pas, oubliant les peurs et les lois, la vérité est encore plus éclatante et plus évidente.

Et si la récré ne s'arrêtait jamais ? Et si ce rire qui parfois me bouffe... et si ce rire me faisait bouffer ?

LES DOUZE SALOPARDS

« Shebam ! Pow ! Blop ! Wizz ! »

Comic Strip, Serge Gainsbourg (1928 - 1991)

Je viens de relire le chapitre précédent. Je ne sais pas qui a osé écrire ça, mais il faut admettre que l'ensemble du pavé manque cruellement de sens et d'humilité. J'aimerais bien qu'on respecte mon client et néanmoins lecteur, sans essayer vainement de lui vendre encore le cliché de l'artiste total frappé par la grâce et habité par une mission intérieure et une destinée quasi divine. Le tout, honteusement romancé par quelques traumatismes douteux liés à l'enfance qui tendraient à justifier cette trajectoire salariale. Ce n'est pas l'autobiographie de Pierre Niney ou de Francis Lalanne, ce n'est même pas celle d'un artiste, tout juste celle d'un intermittent, et puis ce n'est même pas une autobiographie – donc on se détend. Même McCartney et Lennon l'ont avoué. À leurs débuts, ils ne rêvaient pas de composer des chansons qui allaient changer le monde, ils se faisaient surtout chier dans leur quotidien et voyaient dans la musique le champ des possibles d'une vie plus jolie et plus transcendante et éventuellement plus rémunératrice que le travail de leurs parents. Personnellement, j'espère avant tout éviter de passer mes journées dans le bureau d'une entreprise lambda à taper des conneries sur un ordinateur. Bon, il se trouve que c'est ce que je fais au final mais, au moins, ces conneries ce sont les miennes et je n'ai jamais pointé à huit heures du mat' à La Défense, alléluia ! Si je devais garder un seul mot crédible et utile du premier chapitre, ce serait « récré ». En effet, à bien y réfléchir, tout part de là puisqu'en 2002 je recroise le mec le plus con de la récré. Je ne l'ai pas beaucoup vu ces derniers temps, mais il traîne désormais dans un bar du 15e arrondissement comme moi (normal, il y a une borne d'arcade, la mauresque est à 2,50 euros au comptoir et on peut gueuler comme des veaux. C'est logiquement notre foyer d'accueil.)

Le gars c'est Julien Cazarre, surnommé Kazar. Minute papillon, quand je dis « le mec le plus con de la récré », c'est un compliment, d'autant que le gars a un joli pedigree : il a envoyé en dépression pas mal de profs au lycée et, si je ne l'ai côtoyé qu'une seule année scolaire, on a eu le temps de bien commencer à expérimenter. On ne séchait pas les cours, on les cassait en deux. En s'incrustant par exemple dans des salles de classe avec une caméra, une perruque et en chantant À la queue leu leu juste pour le plaisir, quand on ne se joignait pas aux manifestations lycéennes juste pour un autre plaisir : celui d'en avoir rien à foutre de la manif. Nous étions totalement étrangers au combat estudiantin puisque de toute façon il était hors de question de faire des études, nous n'en avions ni l'envie ni les capacités intellectuelles et financières. La manif contre le contrat d'insertion professionnelle en février 1994 fut remarquable à bien des égards : tous ces jeunes qui marchaient contre le projet de loi d'Édouard Balladur, pendant que nous on scandait très sérieusement « Un scénario pour Sady Rebbot ! » En effet, l'acteur vedette de la série française *Papa Poule* avait disparu des écrans, et c'était pour nous incontestablement la nouvelle la plus triste du moment, bien loin devant la tentative d'instauration du CIP par le plus beau goitre de la Ve République.

Rétrospectivement, on peut aussi considérer que c'était le premier sketch du groupe. Toujours est-il qu'en 2002 le Kazar gravite entre ligue d'improvisation et sketchs chez Karl Zéro, sur la chaîne Canal+. Canal, la belle, la rebelle, déjà. Nous sympathisons à nouveau et je lui raconte mon actu : j'ai vingt-cinq ans, j'enchaîne les petits boulots comme surveillant dans une école friquée et livreur de pizzas frelatées ; mes parents ne disent rien mais n'en pensent pas moins, et j'ai toujours une furieuse envie de déconner, avec si possible des sous à la clé. Il me présente alors son collègue, Thomas Séraphine, avec qui il a monté sa troupe de rigolos prêts à tout pour vendre du Lol au plus offrant. Thomas est plus âgé et il a un joli CV : à Canal depuis des années, il a travaillé avec Édouard Baer, Ariel Wizman, Albert Algoud… des pointures. À ce moment-là, il œuvre pour les émissions de Karl Zéro et tente d'installer le binôme et quelques amis dans le paysage cathodique. Quand je les vois ensemble, je me fais la même réflexion que Jimmy Page de Led Zeppelin quand il rencontre Robert Plant et John Bonham pour la première fois : comment se fait-il que ces mecs ne soient pas déjà connus ? Ils écrivent bien, ils jouent bien, ils sont travailleurs et exigeants. OK, ils apprécient la musique de Michel Sardou et ont un univers comique un peu trop théâtral à mon goût. Mais cet univers est si fort et si singulier – allant de la blague potache à la satire politique –, ce qui est très rare dans les bandes comiques télé qui ne font bien souvent que singer avec plus ou moins de réussite les inventions du passé. Évidemment, ils ont aussi des qualités : ils sont hystériques, colériques, cyniques, lunatiques, égocentriques, de mauvaise foi, totalement inaptes socialement, pertinents un jour et demeurés le lendemain, de droite le lundi et de gauche le mardi… Comme moi ! Mais en pire. Enfin en mieux ! Et tout ça sans drogue ! C'est miraculeux pour des habitants d'un pays riche. Cette rencontre tombe vraiment du ciel, c'est si difficile de croiser la route d'un collectif déjà expérimenté et qui colle à tes aspirations. Mais la question fondamentale qui fâche est là : ont-ils envie et même besoin de moi ? Avec Kazar, nous partageons une fascination identique pour les films *L'Aventure c'est l'aventure* et *T'aime* de Patrick Sébastien, mais ça ne suffit pas pour le convaincre que je suis un bon cheval, ou du moins un poney, avec une belle marge de progression. J'écris l'esquisse d'un scénario de comédie sur le monde du football et je le lui fais lire… Bingo ! Il aime bien, ce con. Pourtant, croyez-moi, le script laisse à désirer. Il me propose de rejoindre le groupe avec l'accord des autres et me présente le bataillon : Thomas a une boîte de production avec son frère Guillaume et un pote, Vivien, basée à Meudon, en proche banlieue parisienne. Dans la bande « créative », deux comédiens/auteurs : Patrice Mercier, autre pote de Kazar au lycée que je connais, et Pierre Samuel, pote de Thomas au lycée que je ne connais pas, ainsi qu'un réalisateur, Cyril Tellenne. Les gars sont bienveillants et me soutiennent, ils voient que je débute et que je manque de confiance en moi (et de talent, déjà, soyons transparents). Ça se confirme quand je tourne mon premier sketch pour le mythique *Vrai Journal* de Karl Zéro. Je participe à l'écriture et je joue un flic du GIGN qui tire sur un gangster. Après avoir shooté le délinquant, je suis censé gueuler : « Il est mort ! Il est mort ! » J'ai deux phrases, les mêmes en plus, et j'arrive quand même à me tromper en hurlant : « Il est mort ! Il est mou ! » C'est ridicule mais assez drôle ; on le garde au montage. J'ai prévenu toute ma famille de la diffusion, je suis très fier, et mes parents sont soulagés de voir qu'un avenir professionnel est en train de se dessiner pour moi – qui sait ? Aussi, et toujours pour Karl Zéro, on commence à tester de la fiction dans le réel, avec cette envie de tordre la réalité et d'en inventer une autre, en réalisant des *happenings* autour d'un fait d'actualité. On organise une manifestation proflics devant un commissariat en plein scandale sur la dépression chez les policiers. On appelle à la mobilisation sur Internet (un « flash mob » comme ils disent en 2002) et on se retrouve à une trentaine devant un commissariat dans le 4e arrondissement avec des banderoles « On veut des poulets qui ont la frite ! » Il y en a quelques autres par la suite mais ce ne sont que des apparitions fugaces. On n'a pas de contrat ni la garantie de passages réguliers à l'antenne, et si Thomas vit déjà de son travail en solo, la bande est en « rodage ». Il va falloir se bouger le cul pour vendre des modules et des projets ; on en est tous conscients, on ne gagnera sûrement pas un rond pendant six mois, voire plus.

Avec Thomas et Kazar, on passe nos après-midi à élaborer des concepts de pubs et des idées de sketchs dans les bureaux de la boîte, mais ça a beau être du bonheur à vivre, rien ne se déclenche sérieusement. Heureusement il y a toujours Karl Zéro qui apprécie la bande depuis longtemps et qui nous demande d'alimenter en sketchs ses nombreuses émissions dont *Le Vrai Journal*. Mais, quand il commande quarante épisodes, sa prod en achète vingt et en diffuse trois. Il n'y est pas pour grand-chose, le Karlito, ses émissions s'arrêtent du jour au lendemain en 2003 à cause de l'affaire Patrice Alègre, qui lui coûte sa place à Canal, alors qu'il est l'animateur vedette de la chaîne à ce moment-là. Ton principal pourvoyeur d'emploi qui saute dans un milieu professionnel aussi précaire, ça la fout mal. Mais la dynamique est là, on ne lâche rien. En même temps on n'a pas le choix : d'une, on y croit, de deux, on a que ça à foutre, et de trois, le coût de la vie commence à devenir vraiment élevé à Paris pour des non-rentiers comme nous. Et cette ville n'a d'intérêt que si tu as de l'argent et du temps libre. En gros, Paris c'est sympa, si t'es un touriste. Sinon, direction l'île Maurice pour vendre des bracelets indiens sur la plage. Ce ne sera ni épanouissant ni lucratif, mais on vivra en slip et on ne croisera que des gens qui ont la banane. Attention, ne croyez pas que les saltimbanques sont tous des branleurs, avec une vision adolescente de la vie, qui ne veulent pas trop bosser et gagner beaucoup d'argent. Y a aussi des trous du cul qui n'ont pas de cerveau et qui passent une grande partie de leur existence dans des neuf mètres carrés de la capitale, alternant petits tournages, spectacles foireux et boulots de manutentionnaire en espérant un jour décrocher un rôle dans un Klapisch. Passé cette analyse sociologique qui va certainement suciter beaucoup d'empathie pour son auteur, je dois avouer que le contexte à l'époque me terrorise.

Thomas, par exemple, n'a pas besoin des autres pour travailler, il pourrait très bien vivre de ses activités en solo et lâcher le groupe s'il s'aperçoit que ce dernier n'avance pas. Personne ne pourrait lui en vouloir et c'est la même chose pour les collègues, ils ont d'autres plans. Et même si je commence à prendre confiance en moi, à me dire qu'il y a peut-être une lumière au fond de la cuvette, je sais pertinemment que sans le groupe, sans son souffle, je ne suis rien. Il faut que le groupe performe et que je fasse définitivement mes preuves. Heureux hasard, à croire que la chance sourit aussi aux salopards, seulement quelques mois plus tard, le groupe est contacté par le nouveau patron de la chaîne Comédie ! et un ancien de Chez *Karl Zéro* qui officie sur France Télévision. Le premier veut qu'on lui ponde un concept d'émission, le second, qu'on intègre la sienne qui va être diffusée sur France 2 l'été suivant et intitulée *Les Hyènes*, adaptée d'un format italien qui cartonne. *Les Hyènes* c'est pour nous : un programme qui alterne sketchs et caméras cachées sur l'actu avec comme objectif de taper sur les puissants et dénoncer avec humour les injustices de notre société. Avec Thomas et Kazar, on assure durant le pilote de l'émission et on intègre très vite cette bande de journalistes kamikazes (enfin un peu journalistes et moyennement kamikazes, sauf leur respect). Le projet est excitant et improbable : il est produit par Laurent Fontaine et Pascal Bataille, les animateurs de *Y a que la vérité qui compte* sur TF1, summum du malaise cathodique. Mais les gars sont sympas et nous encouragent à tout oser, France Télé veut tout faire péter, qu'ils nous disent ! Sur le papier... Mais une séquence de Thomas avec des politiques, dont Michel Charasse devant l'Assemblée nationale, vaut à la production un coup de fil des hautes instances et ainsi, faute de couilles (et d'audience surtout), *Les Hyènes* ne passent pas l'été. On a vécu quelques bons moments, mais l'émission n'était pas très drôle et se la jouait trop « redresseuse de torts » à notre goût. La bêtise humaine, la nôtre en particulier, est notre fonds de commerce, on ne va pas commencer à jouer les moralistes à deux balles. Le bon plan, c'est surtout la chaîne Comédie ! On trouve ensemble le concept : cinq copains se réunissent le dimanche pour jouer à un jeu de rôle, les rebondissements de la partie lancent des sketchs, des chansons et des caméras cachées. Le titre du programme est (déjà) un joli jeu de mots : *Défis et des garçons*. On signe deux saisons à raison de dix épisodes de cinquante-deux minutes. C'est énorme à produire, on fait tout et les tournages prennent vraiment une tournure professionnelle. Seul bémol : comme tous les gilets jaunes, je pense que les gens qu'on voit plusieurs fois à la télévision sont tous millionnaires et en CDI. Malheureusement, si les tournages nous prennent deux mois et que la diffusion est étalée sur plusieurs, c'est une petite émission sur une toute petite chaîne, et ce n'est pas avec nos fiches de paie qu'on va s'acheter un F3, même à Saint-Étienne. Je suis dégoûté, il va falloir enchaîner et, coup de chatte, c'est à ce moment-là qu'un ex de ma mère, un Yankee nommé Bill Gates, voit l'action de sa boîte d'informatique s'envoler. Ma mère m'annonce que ce Bill est peut-être mon vrai père, alors, dans le doute, ce con a décidé de me faire un chèque de trois milliards de dollars pour que je ferme ma gueule si le test de paternité s'avère positif. Chèque que je dépose automatiquement sur mon compte courant à la Société Générale et qui fait de moi en quelques secondes le client de l'année à l'agence de la Porte d'Orléans sous les hourras de Chantal à l'accueil et de Tanguy, mon conseiller financier ! Malheureusement, la vérité est tout autre. J'ai juste un coup de fil d'un directeur de casting télé qui aime bien ce qu'on a fait sur Comédie ! et qui cherche un zozo pour présenter la météo en septembre sur Canal+. Je suis le seul du groupe à m'y rendre, motivé comme rarement. D'abord, parce que c'est Canal+ et, ensuite, parce que c'est l'occasion pour moi de faire un truc solo et de progresser, qui sait, vu qu'ils veulent une présentation « décalée ». Dans la salle d'attente, un nid de beaux gosses, masculins comme féminins, et moi, avec mes deux blagues préparées sur les éphémérides et le microclimat du Gers. Mais ça passe ! Je suis retenu et j'intègre la chaîne de l'humour CSP+. Le bulletin météo passe entre *Le Grand Journal* et *Les Guignols de l'info*, et on m'y voit sautiller sur une carte en 3D en balançant des vannes. Sur le plan artistique, on est entre Fred Astaire et Anne Roumanoff, et je m'éclate vraiment, avec une liberté d'expression totale. Dans le studio, je rencontre surtout Yves Le Rolland, producteur des *Guignols de l'info*. Yves est adorable, il a la cinquantaine triomphante et tout l'ennuie dans la vie à part la musique des Clash et les calembours. On sympathise très vite. Quand la chaîne me propose de continuer la météo la saison suivante, cette fois sur le plateau du *Grand Journal*, j'en discute avec Yves qui m'avoue qu'il adorerait bosser avec le groupe et pousser un peu plus loin le concept éculé des caméras cachées. J'en parle aux autres et leur annonce que je m'en fous des températures et des orages, qu'on est fait pour bosser avec Yves et qu'on a là l'opportunité d'installer pour de bon le groupe sur Canal. Les autres sont évidemment partants et, comme Yves fait globalement ce qu'il veut sur la chaîne (*Les Guignols* sont un État dans l'État), les patrons de la 4 acceptent le projet. Assez vite, l'idée d'une émission à sketchs avec au centre des caméras cachées basées sur l'actualité voit le jour. Son nom : *Radio Plus*, en hommage au film *Tout le monde il est beau, tout le monde il est gentil* de Jean Yanne. *Radio Plus* dure une vingtaine de minutes et est diffusée le samedi à midi, dans une tranche horaire où les gens ne savent même pas que Canal est en clair. Pour d'autres raisons difficiles à expliquer (et à avouer ?), notre émission passe relativement inaperçue, mais certaines de nos caméras cachées font leur petit *buzz* et une partie de la presse nous aime bien. On a le soutien de *Technikart* et de *Télérama*, c'est pas mal mais on préférerait celui de *Télé Poche* et Télé Star, plus raccords avec l'esprit du groupe. Malheureusement, ces canards ne vont pas défendre des cassos qui défendent l'écologie en criant « ABS = SS ! » devant une auto-école quand ils ne crachent pas sur le Tibet en scandant « On nem tout le monde » habillés en dignitaires chinois sur le passage de la flamme olympique des JO de Pékin. En effet, pour tous ces journaux d'investigation, notre profil vaut peau de zob comparé à une interview de Denis Brogniart, racontant sa vision iconoclaste et majestueuse du monde. Le groupe est désormais opérationnel et s'appuie sur un noyau de douze individus majeurs, vaccinés et non tatoués. Thomas, Kazar, Pierre, Patruche et votre serviteur écrivent et jouent. Cyril Tellenne et Maxime Charden, un vieux compère, réalisent. Michel Martin fait la prise de son. Romain Surmont nous conduit, nous assiste et parfois nous escorte. Yves produit et gère les relations avec la chaîne et surtout son service juridique qui va régulièrement s'arracher les cheveux à cause de nos péripéties ; ils sont condamnés, au mieux, à la fermer, au pire, à mentir pour nous couvrir. Djamel, notre intendant, est chargé de prendre les rendez-vous pirates par mail et par téléphone. Trop honnête, il a parfois du mal à mentir aux interlocuteurs, alors que c'est son job ! J'ai le souvenir de sa galère téléphonique quand il a dû prendre un rendez-vous avec un proviseur pour parler laïcité avec des agents du ministère de l'Éducation nationale et que le proviseur lui a posé mille et une questions sur ce rendez-vous si soudain et si important. Il a fini par nous l'avoir, mais qu'est-ce qu'on a ri ! Clémentine, seule femme de la troupe, filme avec ses discrètes lunettes caméra et devient la pierre angulaire et philosophale du collectif. Elle maîtrise son outil de A à Z et parvient même à converser avec nos « victimes » pendant qu'elle cadre parfaitement nos bêtises. L'avantage de nos sociétés machistes, c'est que personne n'est choqué quand, dans un groupe, les hommes parlent et s'agitent pendant que la femme s'efface et observe. Le contexte phallocrate est donc parfait, nous pouvons joyeusement occuper l'espace visuel et sonore pendant qu'elle immortalise tranquillement le moment sans trop attirer l'attention. Si on ajoute que Clémentine est charmante avec de sérieux atouts mammaires, on sait déjà que 93 % des piégés masculins bloqueront une bonne dizaine de minutes sur autre chose que ses drôles de lunettes, cela garantissant un peu plus la réussite du sketch. En bref, nous sommes tous remplaçables mais pas elle. Nous en sommes conscients et ainsi totalement soumis aux desiderata de notre Clémentine, une fille adorable et courageuse par-dessus le marché, qui a toujours assuré et jamais paniqué sur un tournage. Mais je rappelle qu'inversement la femme n'est pas grand-chose sans l'homme, et pas seulement quand il s'agit de porter un pack de bouteilles d'eau ou de se repérer sur une carte. C'est pourquoi, de notre côté, nous sécuriserons également l'aspect technique essentiel au rendu visuel de nos basses besognes : l'anse d'un sac à dos, la poche extérieure d'une veste et même une cravate feront souvent l'affaire pour cacher une caméra. Le reste de l'attirail sera souvent le même : des jolis costumes de commercial, des fausses cartes de visite et d'identité en pagaille, des autocollants, des pétitions en carton et autres brochures fantaisistes pour crédibiliser notre statut ou notre fonction fantôme, et bien sûr la demi-cagoule comme emblème, pour le côté 50 % terroriste 50 % comique et donc 100 % crétin. J'insiste sur la dimension technique de notre activité salariée car pour le reste rien ne change : il s'agit de tourner en dérision l'actualité en dynamitant les manifestations, les meetings politiques, les salons, les sièges d'entreprise, les ambassades, les marchés et les bâtiments publics à l'aide de sketchs en caméra cachée. Institut de sondage potache à ciel ouvert, nous jouerons des faux chargés de mission parlementaires (souvent), des faux militants politiques (très souvent) et d'authentiques décérébrés (tout le temps) pour voir ce que les Français(e)s ont dans la tête et la culotte. Le commando drolatique et qui ne prêche pour aucune paroisse politique est désormais opérationnel et se baptise Action Discrète, en souvenir d'un de nos vieux sketchs sur des terroristes en carton, déjà. Il aura pour mission de chatouiller les institutions et le quidam, qu'il soit jeune, vieux, blanc, noir ou trans, militaire, étudiant, professeur, nazi, communiste, écologiste, footballeur professionnel, catholique, musulman, juif, franc-maçon, célèbre ou personnalité politique. L'émission d'Action Discrète, c'est vraiment une émission faite par des Français pour les Français : des grandes gueules qui espèrent faire réagir d'autres grandes gueules (il vaudrait mieux, si pas de réaction, pas de caméra cachée digne de ce nom). On va avoir souvent de la chance, on va rentrer quasiment partout, on va être peu reconnus, on ne va pas rater (techniquement j'entends !) beaucoup de sketchs, et les gens signeront nos pétitions débiles et écouteront nos discours tout aussi idiots avec intérêt. Pourquoi ? Parce que comme le disait un de nos sketchs : « Français, vous êtes formidables ». Attention, il n'y aura pas toujours un message ou une dénonciation de ce que nous considérons comme de la bêtise humaine, il y aura des canulars totalement gratuits sur des sujets anecdotiques, juste pour se marrer, et également des sketchs classiques avec un décor, des figurants et des Twix entre les prises... par essence nettement moins anxiogènes puisque pas de confrontation avec le réel et les vrais gens. Je pense à cette parodie de *Bienvenue chez les Ch'tis* baptisée *Bienvenue à Gaza*, à ce programme anti-mariage gay pour enfants baptisé *Planète Tatagouine* ou encore à cette comédie musicale sur Adolf Hitler. Mais, avant cet ouragan de plaisanteries bien senties et bon enfant, la direction décide d'arrêter *Radio Plus*. Pas assez d'audience pour une émission qui coûte un peu de pognon, ça paraît logique. On est évidemment déçus, on aurait aimé qu'on nous laisse une seconde saison pour l'installer ; ce patchwork de sketchs et de chansons sur l'actualité avait de la gueule parfois, mes parents et mon banquier commençaient à me respecter et certains passants à me sourire dans la rue. Mais le spleen ne dure pas longtemps car nos caméras cachées ont séduit, et on nous demande d'aller les faire dans un autre programme de la chaîne considéré à l'époque comme la future émission de télé la plus cool du monde : *Le Grand Journal*. Et pourquoi pas ?

LE TROP GRAND JOURNAL

« Ils ont du talent, Action Discrète. Je ne comprends pas pourquoi ces mecs ne sont pas plus connus. »

Cyril Hanouna (1974/ ?) dans *Touche pas à mon poste* sur France 4 en novembre 2011

Fin juin 2006, le show diffusé en *access prime time* sur Canal+ s'appelle *Le Grand Journal* et il est présenté par un doyen emblématique de la chaîne : Michel Denisot. S'il est promis à un bel avenir, le futur vaisseau amiral de Canal est encore à quai en ce début de siècle. Ils ont bien essayé de dynamiser les interviews en plateau en collant à l'animateur vedette des hologrammes 3D d'autres animateurs vedettes (Thierry Ardisson, Marc-Olivier Fogiel et Christophe Dechavanne... Ceux qui se souviennent du concept hallucinent encore, ceux qui le découvrent doivent penser que je plaisante, mais pas du tout), pourtant ça ne décolle pas. En gros, les audiences sont décevantes et, si personne ne dit que c'est nul, personne ne dit que c'est bien. Mais l'avenir sent tout de même la rose car l'émission est rythmée et maligne, la cible CSP+ kiffe Michel Denisot et veut voir des talk-shows d'*infotainment* (information et divertissement, en gaulois) où on dit aux politiques qu'ils se foutent un peu de notre gueule et aux artistes qu'eux, en revanche, ne font que du bon boulot. Surtout, il n'y a pas de concurrence : Instagram n'existe pas, pas même le selfie ; Hanouna et Jacquie et Michel n'ont pas encore conquis la ménagère de moins de soixante ans. Le boss de Canal décide de nous envoyer au *Grand Journal* à la rentrée de septembre, avec d'autres, pour « réveiller l'audience » et transformer ce spectacle un poil pantouflard en *Saturday Night Live* à la française (ce que la télévision hexagonale essaye en vain de fabriquer depuis trente ans). On rencontre donc dans un joli immeuble à Boulogne le producteur du *Grand Journal*, un homme de pouvoir et de réseau qu'on appelle « le Balinais » dans le milieu (le milieu, celui de la télé, pas le vrai, quoique), qui nous accueille en fanfare avec un : « Bienvenue, les gars. C'est super, j'ai réussi à convaincre Michel de vous accueillir. »

On vient de s'asseoir et on découvre que le vrai patron de Canal+ c'est donc Michel Denisot, c'est toujours bon à savoir. Il enchaîne : « C'est super ce que vous faites. » Ah, merci. Il poursuit : « On va commencer à un sketch par semaine. » Ah, merde ! Si on est super, donne-nous un peu plus ! Ça a dû se voir sur nos visages car, malin, il embraye tout de suite : « On va commencer doucement, une fois par semaine, mais à terme, évidemment, on en fera plusieurs par semaine. Et s'il faut aller piéger un défilé Victoria's Secret à New York, on y va ! Ah si ! Le jet c'est pour moi. »

Putain, le mec sait te faire rêver. On n'est pas dupes mais on est des cons aussi, qui aiment bien fantasmer, alors on l'écoute religieusement. Il assure : « Mais d'abord je vous installe, je vous mets bien, vous êtes le rendez-vous coup de poing, drôle et impertinent, de la semaine. Je veux qu'on vous aime, je veux que ce soit le *happening* du *Grand Journal*... Et puis attention, super horaire, je vous place à 19 h 30. Là, c'est du lourd, là, c'est premium, c'est pas pour les teubés qui nous regardent entre 20 heures et 20 h 30. »

On se dit que ce n'est pas très sympa pour Omar et Fred qui passent à 20 h 25, mais avant tout on est déçus parce que nous, les « teubés », ça nous correspond mieux, on a conscience qu'on n'a pas vocation à s'adresser aux Bac + 8. En même temps, nous n'allions pas réaliser cinq caméras cachées par semaine. En production, comme en faisabilité et en qualité, c'est injouable. Mais l'envie et la motivation sont là, car, ça sonne comme une grosse blague en 2022 mais c'est pourtant vrai, cher(e)s ami(e)s jeunes : en 2006, avoir sa séquence à soi à 19 h 20 sur Canal en clair, c'est de la bombe. Première semaine de septembre, je me retrouve donc sur le plateau pour lancer la séquence. Habillé en costume Kooples et placé entre Frédéric Beigbeder et Laurent Weil (des bons gars, si, si... autant l'autre... mais eux, vraiment des bons camarades), je représente notre groupe d'activistes potaches en caméra cachée et j'explique brièvement la thématique du sketch qui va suivre. J'ai vingt-trois secondes, je ne suis pas drôle, mais je ne présente pas mal et mon costume Kooples lui aussi présente bien, ce que voulait la production. Heureusement, le premier sketch est bon. Grâce à des contacts bien implantés dans le milieu de la musique techno, on s'est incrustés sur un char de la Teknoparade en plein Paris qu'on a décoré aux couleurs de l'UMP pour rallier les jeunes à la cause du parti de droite qui veut défendre désormais une image moderne et cool. Pendant vingt minutes, on danse et on saute partout, on distribue des tracts « Non à l'ecstasy, oui à Sarkozy », « I love tekno, I love Sarko », et notre enceinte géante balance le tube *Call on Me* d'Eric Prydz remixé par nos soins en « Sarkozy président », et tout le monde y croit ! Ça devient assez vite un bordel sans nom avec des teufeurs qui soit nous insultent, soit nous balancent des trucs à la figure (personnellement j'ai reçu un trognon de pomme en pleine poire. Ce n'est pas une contrepèterie et croyez-moi, ça fait vachement mal.) Quand on sent qu'on a ce qu'il faut, on s'enfuit courageusement, non sans avoir lâché à l'unisson, face à un parterre d'étudiants et autres jeunes un peu paumés, un merveilleux et ironique « Merci, la gauche ». Formule qui deviendra avec le temps la signature du groupe dans chaque conclusion de sketch, dès qu'on tournera dans une manifestation de jeunes ou de travailleurs. Le sketch est bien reçu et tout le monde se marre sur le plateau. La suite, elle, est moins jolie. On nous impose très vite une durée limitée pour nos séquences, qui doivent faire au conducteur moins de deux minutes (sinon, selon le rédacteur en chef, le téléspectateur balance sa télé par la fenêtre. J'ai vérifié une fois un sketch durait deux minutes et neuf secondes, j'ai fait le tour de mon quartier. Je n'ai vu aucune télévision s'envoler. Passons.) Michel Denisot, pourtant extrêmement sympathique, ouvert, bienveillant et généreux, se trompe constamment sur notre nom quand il nous annonce. On a le droit à Action Mystère, Action Secrète, Action Directe, mais très rarement Action Discrète. Il arrive aussi que certaines *punchlines* en plateau fassent mouche... mais à merde. Un soir, Roselyne Bachelot est invitée et, parallèlement à ses formidables propos, des photos de Nicolas Sarkozy apparaissent sur l'écran géant qui surplombe le studio. Je m'arrête sur un cliché de l'ancien maire de Neuilly où il grimace légèrement et, me croyant sur mon canapé, je lâche un « là, c'est dingue, on dirait vraiment Louis de Funès ». Je ne suis pas le premier ni le dernier à faire cette blague en soulignant le mimétisme des deux zozos, mais le malaise est là. Bachelot prend mal la vanne sur son employeur ; du coup Denisot ne le vit pas bien. J'ai alors le droit en *live* à une leçon de morale par Roselyne et, dans l'oreillette qu'on m'a imposée, un rédac chef me dit : « Ne réponds pas, souris, souris. » Waouh ! Bienvenue dans le monde formidable de la téloche ! Moi qui croyais être sur Canal+, je suis relativement surpris par l'équipe de production de l'émission la plus cool du PAF. Plus embêtant, un sketch sur deux est trop *trash* pour eux, ils ne veulent pas le diffuser, ils ont peur que l'invité politique en plateau ne sourie pas. C'est déjà horrible à voir en soi quelqu'un qui ne sourit pas, alors à la télévision ça devient cataclysmique. Et puis ça arrive rarement dans la vie, un être humain qui ne sourit pas, n'est-ce pas ? En me lisant, vous souriez, là ? Hein ? Nan ? Bref, nous aussi on est un peu cons, certains de nos sketchs ne sont pas top et ils tiennent à peine sur deux minutes. Une séquence va sceller notre montée vers la piste aux étoiles de la *loose* : le gymnase de Cachan. Rappel : à l'automne 2006, des sans-papiers sont hébergés dans un gymnase municipal à Cachan, dans leVal-de-Marne. Outre les partis de droite qui crient au scandale, on a droit à l'interview fascinante d'une habitante qui déplore cette décision, vu que son fils ne peut plus jouer au badminton le mercredi à cause de tous ces maudits sans-papiers. Dès lors, la municipalité commence à rétropédaler et veut donner raison aux habitants en colère. Ce sujet nous touche et on veut en rire. On se déguise donc en joueurs de badminton locaux mécontents qui veulent quand même jouer à leur sport favori dans leur gymnase, et même dans la mairie. Alors c'est certain, le sketch est ambitieux, on a vingt ans d'avance ou l'inverse ; on veut juste souligner le comportement discutable de certains habitants qui ne pensent qu'à leurs mioches, mais à l'image on voit aussi cinq cons au milieu de gens qui souffrent. La fiction dans le réel c'est fort, mais parfois la fiction tout court c'est mieux. *Le Grand Journal* nous le dit et le rédac chef nous sort la phrase magique censée nous endormir : « Je suis là pour protéger Michel et, avec ce sketch, il n'est pas très à l'aise. » Ça fait plusieurs semaines qu'ils nous baladent sur d'autres sketchs non polémiques et qu'on ne dit rien. Donc on décide de ranger nos Chupa Chups et on sort les battes de base-ball. On annonce, Yves en tête : « Si, si, messieurs, ce sketch va passer et d'ailleurs, si vous diffusez en introduction l'interview de l'habitante mécontente de Cachan, on comprendra bien le message positif de la séquence. » Évidemment, ça passe très mal, on leur dit ce qu'ils doivent faire alors qu'ils ne veulent rien diffuser du tout… Mais ils ont encore plus peur de la réaction du tonton du groupe et boss des *Guignols de l'info*, ce satané Yves. Le sketch est diffusé dans une ambiance formidable, vous l'imaginez. Pour ne rien arranger, la concurrence à l'intérieur du *Grand Journal* fait bien chier aussi. Par exemple, ce truc malin et bien fait, et qui dure bien plus de deux minutes, baptisé *Le Petit Journal*, présenté par un beau gosse, proche du rédacteur en chef, nous fait tout de suite de l'ombre. La sentence arrive la veille de Noël. Le rédacteur en chef de l'émission et futur roi de *l'infotainment* en France me l'annonçant courageusement sur ma messagerie le lendemain du réveillon : « Vous êtes super mais pas chez nous ! Bye-bye, les clowns, et joyeux Noël surtout ! » Ultime blagounette, je téléphone au « Balinais » début janvier et je lui fais croire que je ne suis pas au courant de notre éviction, lui confiant même que le groupe a tourné des trucs de dingues le soir du 31, que lui et son équipe vont adorer. Il me croit et, forcément, il n'est pas très à l'aise, enchaînant les « ah, d'accord ? » et « mais dis-moi, personne ne t'a appelé rapport à la rentrée de janvier ? » Je le laisse en plan et raccroche. Deux minutes plus tard (mais ces deux minutes sont partout en télé, c'est pas possible), il me rappelle en rigolant, avouant que je l'ai bien eu, que je suis fort en canular et que je devrais en faire mon métier. Lol. Il me dit surtout : « On laisse pas les gens comme ça, *Action Discrète* va passer le dimanche, un module à vous, tranquille. » Il est généreux et il a du poids, le bougre, il nous vire mais il nous trouve une case. Et, classe, « le Balinais » me fait livrer deux bouteilles d'excellent bordeaux. Que je ne balance pas par la fenêtre mais que j'ingurgite en deux minutes, évidemment. En y réfléchissant, on n'était pas à notre place au *Grand Journal*, mais c'est bien dommage, car bientôt tout le monde la voudra cette place. On atterrit donc le dimanche à midi pendant qu'en face il y a sur TF1 la messe du football : *Téléfoot* et, sur France 2, *Le Jour du Seigneur*, la messe tout court. La case horaire n'est pas top mais on s'en fout, on a entre six et sept minutes, on est autonomes. C'est parti pour l'aventure ! Nous allons vivre six ans de bonheur avec AD, notre bébé. J'ai un métier un peu pérenne, une activité bercée par le rire, oui, mes amis, j'ai un peu galéré, un poil paniqué, mais ça y est, le rêve devient réalité ! Je ne prendrai plus le métro, je ne serai plus responsable du rayon doudoune chez Uniqlo !

Durant six ans et pas loin de quatre cents sketchs, nous sommes le meilleur gang comique de métropole (de Meudon, du moins), et à l'intérieur de celui-ci, nous sommes tous égaux : on écrit tous et la distribution des rôles est toujours équilibrée, chacun a le droit à son petit instant glorieux (ou pathétique, selon le résultat du sketch). Certes, je présente le module mais j'ai une cagoule comme tout le monde et la vedette, c'est celui qui tient le sketch à l'instant T. Il n'y a donc pas de conflit d'ego. Nous bénéficions d'une liberté totale, protégés par des dirigeants qui, même s'ils ne viennent pas du spectacle ou du cirque, ont envie de s'amuser et de défendre le fameux esprit Canal, si cher aux abonnés et si perturbant pour la concurrence et les journalistes médias. En ce qui nous concerne, nos responsables ont bien compris que notre but n'est pas de relater l'actualité, mais de la créer, avec tout ce que ça comporte de dommages collatéraux. De toute façon, ils n'ont pas le choix, Yves Le Rolland veille ! Une seule fois, on nous censure une séquence en caméra cachée : une intrusion habillée en skinheads dans une boutique Dior à la suite du pétage de plomb nazillon du couturier star John Galliano. On aura beau protester, on ne touche pas au luxe français et aux annonceurs de qualité. À part ça, rassurez-vous, il n'y aura que des instants de rire, des épisodes de gêne, des intervalles de grâce, des minutes de malaise, quelques moments de bravoure... et pas mal d'emmerdes.

MES AMIS, NOTRE HUMOUR, NOS EMMERDES

« On a les politiques qu'on mérite.
Ils ont les comiques qu'ils méritent. »

Éric ou Ramzy

« Vous ne vous êtes jamais fait casser la gueule ? » Ce n'est pas à vous que je pose la question, même si j'imagine que certains l'ont bien souvent mérité. J'évoque la question qui fâche parce qu'on nous l'a souvent posée à cause de notre activité, qui consistait globalement à faire chier des gens qui n'avaient rien demandé et qui passaient plutôt une bonne journée jusqu'à notre apparition.

En perturbant des manifestations et des événements sur la voie publique par nos saillies ironiques et, espérons-le, humoristiques, on cherche forcément les coups. Les bons coups aussi comme ce jour de 2007 où, déguisés en syndicalistes qui décident d'égayer la grève avec des chenilles improvisées et des Frisbee offerts aux usagers en colère, on se retrouve en une du quotidien *La Croix* qui nous a pris pour de véritables membres de la CGT. Tout est cohérent car, dès le début de l'aventure, on le clame haut et fort : « La rue est à nous ! Et le trottoir aussi ! » Mais dehors, et les chaînes infos le savent bien, c'est la jungle et la violence est partout. Et cette dernière a plusieurs visages : physique, psychologique mais aussi politique, quand elle menace l'existence même de l'émission.

Top 7 de ces moments où le groupe a navigué en eaux troubles, passant de l'intrépide « Courage, fuyons ! » au stoïque « La gloire ou la prison ! » et, le plus souvent, au pragmatique « Pourquoi on ne tourne pas en studio avec des figurants ? C'est quand même plus cool. »

Manif anti-IVG (septembre 2005)

C'est notre véritable début sur Canal, il faut frapper fort. Ça tombe bien, on est en septembre et les anti-avortement défilent à Paris. On s'immisce dans la Pride en se faisant passer pour des anti-IVG mais avec des slogans bien à nous. Minivague capillaire et tenue dc chasse réglementaire, on se retrouve au premier rang du cortège avec des centaines de personnes très souriantes, dont beaucoup de mamans avec des poussettes, qui « se battent pour la vie », comme elles disent. On défile sous la bannière « Reproducteurs en colère » avec nos pancartes et nos chants paillards type « Sodomie, infamie, gâche pas mon jus ! Fellation, négation de l'individu ! », « Si on éjacule, c'est pour être père ! », « Un coup dans la bouche, trois coups dans le derrière, c'est la politique du gouvernement ! » Un bel événement politique et polémique, des blagues potaches de très bon goût qui réveillent l'assemblée : du Action Discrète classique et efficace. Avantage technique aussi, nos réalisateurs peuvent se faire passer pour des journalistes lambda venus relater la manifestation, pas besoin de caméra cachée donc, ce qui garantit des images de qualité, toujours appréciées par le téléspectateur. D'autres affectionnent moins notre intrusion car très vite les manifestants remarquent que, si on pense comme eux, personne ne nous connaît, et nos slogans sont particulièrement orduriers. On envoie la sauce, si chère à ces gens, pendant dix bonnes minutes quand même et on a ce qu'il faut pour le sketch. Il ne manque qu'une belle embrouille – ça aussi, le téléspectateur apprécie. Quel pervers, celui-là quand même. Ça tombe à pic, c'est à ce moment-là que le service d'ordre, plus branché gonflette que poussette, vient nous demander de nous arrêter. Il nous confisque nos pancartes et nous fait les gros yeux mais, que nenni, on reste premier degré, indiquant qu'on ne comprend pas leur requête puisqu'on milite, comme eux, contre l'avortement. Là, ça tourne au vinaigre et l'organisateur, un monsieur âgé autoritaire, avec un béret, qui se bat pour la vie, nous dit ouvertement qu'il aimerait bien se battre avec nous aussi, si on continue notre manège. Normal, quand tu viens tout casser au carnaval de Rio, c'est légitime que le responsable samba ne le prenne pas très bien. Des policiers qui ont compris le souci, nous extraient du défilé avant que la situation ne s'envenime car les festivaliers sont de plus en plus en colère. On ne lâche pas nos personnages (jamais !), on continue nos chants et quelques gros bras du service d'ordre nous suivent, histoire sûrement de partager un apéro chaleureux un peu plus loin. La police nous escorte dans l'autre sens ; certains agents nous ont reconnus et nous demandent gentiment de fermer nos gueules à présent. Sur le chemin, Kazar tente une dernière *punchline* en branchant un manifestant qui n'a rien compris de la scène. Il lui dit : « Putain, on m'a traité de gauchiste, ça se fait pas. » Le manifestant, choqué, répond : « Oooh nan ! Qui ? » Joli. À notre droite, géographiquement comme politiquement, une dizaine de gars nous suivent toujours, et nous on leur montre fièrement nos majeurs et on leur donne rendez-vous plus loin pour s'expliquer entre bonhommes, et ouais ! Un des leurs nous mime un combat de boxe, ce à quoi on répond : « Et alors, tu crois qu'on rigole, nous ? Tu crois qu'on est la bande à Fifi ? ! » Tout cela, courageusement encadrés par la police, pas folles les guêpes cryptées. Soudain, ironie et beauté de la vie, d'un coup, la police disparaît. Alors là, on se dit que la soirée commence, on accélère le pas et on range nos majeurs dans nos poches. Mais le GIGN ultra-catho a disparu aussi. Dans un dernier élan de culot, on se regarde et on se dit : « Ils ont eu de la chance parce que... Hein ? » On finit au bar à siroter notre diabolo et à festoyer pour notre premier gros coup.

Les zoukeurs du PS (février 2006)

Ça paraît évident maintenant, mais en 2006 le Parti socialiste ne va pas si mal, mais pas si bien non plus. C'est pourquoi il organise le 8 février 2006 dans la salle de la Mutualité à Paris un grand rassemblement avec tous les ténors du parti pour redynamiser le mouvement qui commence à sérieusement battre de l'aile. Alors, au bureau, on réfléchit, on cogite... Il faut du positif, il faut du fédérateur... mais oui, il faut du zouk ! On décide donc d'un *happening* musical pour participer nous aussi à la fête (ça deviendra une marque de fabrique du groupe, des perruques et des chansons pour soutenir et ambiancer les causes perdues). On se pointe devant l'entrée de la Mutualité déguisés en « Zoukeurs du PS », un groupe qui, dans son apparence, ne fait pas mystère de son adoration pour ceux qu'on a longtemps surnommés les Jackson Five des DOM-TOM, la mythique Compagnie créole. Sur place, on accueille en chanson et avec la banane tous les illustres participants avec un tube parodique. Ségolène Royale, par exemple, a le droit à sa version de *Célimène* de David Martial transformée en *Ségolène*. *C'est bon pour le moral* de la Compagnie créole devient *C'est bon pour le social*. On rend hommage aussi au groupe Ottawan : *T'es OK, t'es bath, t'es in* devient *Julien Dray, t'es bath, t'es in*, et ma préférée, la reprise toute simple de *Rosalie* de Carlos qui se transforme en *Socialiste*. Une belle réunion de la gauche, une bonne humeur musicale et tropicale et, à l'arrivée, un beau bordel ! À part Martine Aubry et François Hollande, ils ne sont pas ravis de nous voir, les socialos. Il faut dire qu'on est bien présents vocalement parlant et qu'on se jette sur toutes les personnalités qui arrivent, ce qui énerve particulièrement la sécurité du Parti. Très vite, ça part en canne à sucre, et autant les flics nous laissent tranquilles (pensant qu'on était de vrais militants PS), autant la sécurité nous empêche de zouker, et il y en a même un qui nous donne des coups de matraque ! Malheureusement pour le PS, c'est ce qu'on voit sur notre vidéo : une intervention festive avec des chants sympathiques. Il était aisé pour le parti de retourner la chose à son avantage. Ils ont toujours été plus accueillants à droite... dans les manifestations, j'entends. Là, honnêtement, de mémoire, on ne s'est jamais fait charger de la sorte, ma perruque afro a sacrément morflé. Quinze ans plus tard, les petits bleus sur le corps ont disparu depuis longtemps, mais surtout on se dit qu'aujourd'hui le même sketch avec ce combo black face/accent martiniquais de toute beauté nous enverrait directement à la case « *bad buzz* », et le coup de matraque médiatique nous serait fatal.

Hooligans partout (février 2007)

À la suite de notre éviction du *Grand Journal* donc, nous atterrissons à *Midi le dimanche* dans le téléviseur et l'assiette des français. Nous sommes autonomes, les cagoules sont de sortie, et l'émission commence à chaque fois par un ordre de mission tourné dans notre base secrète et lancé par un personnage fictif de la société civile qui vient nous demander de l'aide (on est une sorte d'Agence Tout Rire, hommage à la série américaine). Dans ce cas précis, la situation est simple : un haut dirigeant du football français en a assez du hooliganisme qui frappe les stades de l'Hexagone, donnant une image médiatique déplorable de son bizness. On lui propose alors de mettre du hooliganisme dans tous les sports, histoire que les médias arrêtent de se focaliser sur le monde du ballon rond. On se retrouve au jardin du Luxembourg pour les deux premières séquences en caméra cachée : nous sommes deux kops de trois hooligans qui embrouillent une partie de pétanque puis une partie d'échecs. Lancer de projectiles divers, début de bagarre, chants insultants inspirés des virages de supporters (« Ton roi est gay ! Ton roi, ton roi, ton roi est gay ! » aux échecs notamment), tout est improbable et les boulistes comme les joueurs d'échecs hallucinent sur ces six demeurés, sans parler de la sécurité du parc qui nous traque après chaque incident, mais nous quittons le lieu sans problème. Fleuron du sketch, on s'incruste sur un hippodrome où se déroule une course de saut d'obstacles. Nos deux kops toujours plus virulents se retrouvent dans deux tribunes opposées et encouragent leur poulain respectif, choisi au hasard. Avec Pierre et Babasse, un pote comédien (qui arrêtera les caméras cachées après ce tournage d'ailleurs), nous insultons copieusement Jouy du

Toucan, une jeune jument, soutenue par la triplette Patruche-Julien-Thomas. À leur chant « Jouy du Toucan, Jouy du, Jouy du Toucan », nous répondons « Jouy du Toucan, c'est un tocard, Jouy du Toucan à l'abattoir ». Tout se passe bien, on est sublimes avec nos pulls à capuche et nos chants d'amour ; les gens y croient, le malaise est palpable, les chevaux paniquent, non vraiment, bon esprit. C'est à ce moment-là que Thomas, en bon dynamiteur qu'il est, décide de rentrer sur le terrain et de venir provoquer le kop adverse pour finir sur une belle scène d'émeute et qui sait, sur une note d'humour. Génial ! J'ai justement un fumigène sur moi ! Malgré une certaine expérience, je galère pour l'allumer, et une spectatrice à côté de moi me stresse en me disant : « Vous n'allez pas faire ça quand même ! » Je lui réponds : « Ah si, madame, il le faut ! » Je tire le fumi en direction de Thomas, rate de peu la jument (ouf), pendant que Pierre et Patruche font semblant de se battre (belle béquille de Patrice sur Pierre de mémoire). Là, les organisateurs pètent un plomb et décident d'intervenir. Un jockey qui croit moyennement à notre délire nous exclut manu militari du terrain à lui tout seul, puis tente de retenir Pierre (alors que ce dernier, pas violent pour un sou à la base, vient de lâcher un magnifique « C'est bon, je m'en vais et je ne reviens pas »). L'équipe de tournage sent qu'il faut partir et la camionnette du groupe vient se garer à l'arrache devant les portes de l'hippodrome. Nous sentons aussi la banane arriver, mais nous apercevons la camionnette. En deux coups de cuillère à pot, comme disent les vieux en 2022, Patruche et moi on fait mine de s'embrouiller, mais on en profite surtout pour arracher Pierrot des griffes du jockey. Coup de chance, la grille devant nous s'ouvre, on hurle un dernier « Hooligans Jumping » et on se jette dans la camionnette qui démarre à fond d'train les grelots (encore une belle expression de vieux, et moderne avec ça !). Sur le pont qui nous emmène vers la nationale et la civilisation, on croise deux voitures de police, sirène en action ; on imagine que c'est pour nous mais, coup de bol, elles ne font pas machine arrière. En arrivant à la production, c'est la panique, une des responsables de prod nous annonce qu'on a été reconnu et qu'effectivement les gyrophares c'était pour nous. Sans compter que les gens de l'hippodrome sont furax, ils ont appelé le service juridique de la chaîne, ils veulent porter plainte. Heureux hasard, Nicolas Canteloup, voisin et voix des *Guignols de l'info*, amoureux des étalons, connaît bien les propriétaires du jumping. Avec Yves, ils calment le jeu et assurent que tout cela nous a dépassés et qu'on s'excuse vraiment pour le dérangement. Nous sommes de jeunes comiques en formation et évidemment nous comptions les prévenir que c'était un canular et même leur offrir des décodeurs Canal pour les remercier de leur accueil... Ils y ont cru, ces canassons, tant mieux. Pas tant pour la plainte, l'interrogatoire et l'amende à venir... mais plus pour l'avenir de l'humour de France. Si on ne peut plus tirer des fumigènes sur des bourriques, comment on rigole le week-end ?

La Société protectrice des Afghans, Calais (octobre 2009)

En pleine polémique sur la gestion des migrants à Calais par le ministre de l'Intérieur, Éric Besson, on décide de se pointer sur zone. Là-bas, Thomas et Julien se font passer pour des représentants du ministère et vont à la rencontrer des Calaisiens à bout de nerfs, pour leur proposer un Afghan de compagnie, histoire que la situation s'adoucisse.

Avec Pierre, je suis tenu en laisse par Patrice, assistant des deux autres cons qui, pendant ce temps-là, développent un argumentaire de gala pour justifier leur opération, en disant notamment : « Ces migrants, on peut pas les tuer, y a toute une population de gauche qui ne comprendrait pas » ou encore : « L'Afghan le plus respecté en France, c'est le lévrier, c'est dommage. » Certains habitants y croient et leurs réactions sont touchantes, car comme dit la chanson : *les gens du Nord ont dans leur cœur le soleil qu'ils n'ont pas dehors !* La plupart, s'ils sont choqués par l'opération, acceptent au moins l'idée de venir en aide aux migrants. Le sketch est relativement anxiogène, je l'admets, mais je rappelle que parfois il faut choquer pour dénoncer ! L'aspect catastrophique de la situation et quelques sorties médiatiques douteuses de l'ex-socialiste Éric Besson, désormais ministre du gouvernement Sarkozy, nous motivent particulièrement. Sur place, tout se passe bien, c'est un régal de comédie : Thomas et Julien tiennent, encore une fois, parfaitement leur rôle de connards abjects ; Patrice est sublime en maître-chien tortionnaire, Pierre est bouleversant avec ses fringues déchirées et ses yeux de labrador abandonné, et moi, comme je ne dis rien, je joue parfaitement. Mais le fait de voir des gens en costume balader des êtres humains en laisse choque curieusement quelques badauds et, assez vite, la police nous recherche. Pas du tout au courant de ce qui se trame, et passé le tournage de la séquence, on se dirige vers le centre-ville pour déjeuner. Grosse erreur, les vrais voyous le savent, quand on braque, après on quitte la ville. Alors que nous sommes à peine entrés dans un snack, quatre voitures de police nous encerclent et foncent dans notre direction, matraque à la main. Un jeune képi me demande alors : « C'est vous, les migrants ? » Je suis un peu vexé, je viens juste de me démaquiller et j'ai remis mes vrais vêtements. Il n'a pas besoin de me poser la question une seconde fois, avec toute l'équipe, on admet vite la chose, on dit que c'est un sketch pour Canal, qu'on n'a voulu choquer personne, qu'on est désolés... Comme d'habitude, on essaie de désamorcer et faire redescendre la pression, histoire de rentrer au plus vite à la maison avec les images. Mais les képis ne comptent pas nous lâcher tout de suite, le préfet du coin est colère. On se retrouve rapidement au commissariat pour la totale : fouille, vérification d'identité, léger interrogatoire... L'ambiance est sympa, les policiers pour la plupart rigolent du moment et nous avec. On nous relâche deux heures plus tard avec tout notre matos et nos papiers... Mais c'est là qu'un autre sketch commence puisque, alerté, le ministre Besson crie au scandale, dénonce l'usurpation d'identité, la mise en scène macabre et l'humour déplacé. Il va même sur le plateau du *Grand Journal* pour demander que le sketch ne soit pas diffusé et qu'Action Discrète aille au piquet ! L'émission et la chaîne nous défendent (sympas, les collègues) et on a surtout le droit à un bon *buzz*, orchestré à son insu par un ministre. Le sketch passe tranquille... C'est marrant, quelques mois plus tard, on ira pirater à Troyes un joli débat sur l'identité nationale à l'initiative encore d'Éric Besson. Le sketch est plus direct, dans un endroit fermé, le tournage dure trente minutes, les organisateurs du débat sont dépassés, et dès que c'est fini on quitte vite la salle et la ville. On démarre et on fonce vers l'A5, on a compris. Le Rico aussi a compris puisque, si le sketch *buzze*, il ne retournera pas sur le plateau du *Grand Journal* demander une seconde fois notre peau.

Quevilly/PSG (avril 2010)

Revenons à un sport d'hommes. Après de multiples incidents, les supporters du PSG ont l'interdiction de faire le déplacement à Caen où leurs poulains affrontent le petit club de Quevilly en Coupe de France. Brice Hortefeux, excellent ministre de l'Intérieur – on a tendance à l'oublier –, organise un dispositif de sécurité XXL pour empêcher tout supporter du PSG de se rendre en Normandie. Sujet idéal pour le groupe. On décide de jouer quatre supporters parisiens prêts à tout pour entrer dans le stade. On peint notre voiture en vache normande et on planque maladroitement nos maillots du PSG. Arrivé au péage, notre convoi ne passe pas inaperçu (tant mieux, c'est fait exprès, cornichon) et, heureuse surprise, la police nous arrête. On en fait des caisses genre « Non, non, on n'est pas parisiens, on est normands, on va supporter Quevilly », et on offre même du camembert et du cidre aux forces de l'ordre. Les bleus nous croient et nous laissent passer. Premier sketch réussi. À proximité du stade de Caen, où se joue la rencontre, c'est plus compliqué. Les places sont nominatives et, comme on est devenus un poil paranos et que ce serait dommage de rater le sketch aussi proches du but, on a commandé en amont quatre places à des noms différents. Mais les policiers contrôlent les papiers d'identité avec les billets, histoire de repérer notamment les hooligans fichés. On fait donc le nécessaire en amont, on fabrique des fausses cartes d'identité (et alors ? Qui êtes-vous pour juger ?). À quelques mètres de l'entrée de l'enceinte, malgré nos jolies perruques jaunes, des policiers en civil nous dévisagent, on est sûrement grillés. Alors on attend un peu, puis on décide de rejoindre le stade mais en ordre dispersé.

On croise à nouveau les policiers en civil et là, c'est uniquement moi qu'ils dévisagent. J'encourage les autres à entrer, ce qu'ils réussissent à faire. *Yes*, papa ! Le sketch, on l'a ! Dix minutes plus tard, les autres sont dedans et je ne suis plus suivi, je fonce alors vers le premier barrage. Le CRS ne trouve rien à redire à ma fausse carte plastifiée, je passe. Quand j'arrive à la fouille, trois policiers en civil me tombent dessus et hurlent : « Police, police, il est rentré avec un faux nom ! » À mon tour, je hurle au scandale, ils découvrent mon micro et je leur dis : « Bien joué, les gars ! Ça va, c'est qu'un sketch, c'est Canal... » Là, ils me demandent mes papiers et je leur sors les miens, les vrais, à mon nom (j'ai caché les faux entretemps dans un orifice particulièrement exigu). En constant que le nom ne correspond pas à celui indiqué sur ma place du match, ils m'accusent de mensonge. Je reste calme : pour moi, c'est le CRS là-bas qui n'a rien capté, c'est ma carte d'identité, c'est ma place, je suis passé, qu'est-ce qu'ils peuvent bien me vouloir ? Ils vont chercher le CRS qui n'en a rien à foutre de l'histoire et les envoie chier (sympa... J'ai toujours pensé que la candeur du CRS est sous-estimée dans l'imaginaire collectif !). Les policiers ne savent pas trop quoi faire de la situation et ne savent pas si d'autres membres d'AD sont entrés, alors je commence à gueuler pour détourner l'attention, histoire que mes compères aient le temps de faire des images. Là, le chef de la division anti-hooligans me branche et me dit calmement que c'est avec ce genre de sketch qu'on encourage le hooliganisme en France. Ni plus ni moins. Je rigole, tout le monde s'énerve un peu et on m'emmène au commissariat où l'équipe finit par me rejoindre. Chacun écope d'une jolie amende de trente-huit euros. Je pense que c'était pour introduction de matériel vidéo ou sonore, j'ai pas tout compris. Mais, avant ça, Pierre, Patruche et Kazar (et l'équipe technique dans une autre tribune) ont filmé leur arrivée dans le stade qui a créé le bordel espéré. Eux, seuls supporters du PSG présents, chantent : « On a gagné, on est rentrés » L'ensemble du public normand répond « Paris, Paris, on t'encule ! » Ah oui, ça, c'est le sport qu'on aime. Le lendemain, Brice Hortefeux, pas mauvais joueur et très à l'aise, fait une conférence de presse où il déclare que la rencontre Quevilly/PSG s'est très bien passée. Pas complètement faux. Il ajoute même : « Des comédiens pour l'émission *Action Directe* (sic) de Canal+ ont voulu tester le dispositif, je les remercie de leur initiative qui a permis de démontrer la parfaite efficacité de ce que nous avons décidé. » Pas complètement vrai.

Villepin et l'ordre des Chevaliers à col roulé (février 2010)

C'est la guerre entre le président Nicolas Sarkozy et l'ex-Premier ministre Dominique de Villepin. Les sarkozystes ayant désormais le pouvoir, c'est chaud pour le mec de droite le plus classe du monde. On crée donc l'ordre des Chevaliers à col roulé, cinq militants habillés en aristocrates improbables, fascinés par le beau Dominique. On veut taper fort avec un gros effet visuel, alors on décide d'assiéger le siège de l'UMP en y suspendant une oriflamme à l'effigie de Dodo. Problème : le bâtiment est sensible et, à quelques mètres du palais de l'Élysée, les flics sont partout. On le sait, on aura très peu de temps pour agir avec une nacelle louée pour l'occasion. Romain et les assistants vont repérer le lieu pour bien préparer notre action commando, mais ils se sentent observés. Un peu paranos, on hésite à tourner, on sait qu'on n'aura le droit qu'à un essai. Mais ça vaut tellement le coup. Allez ! Le lendemain, on se gare à l'arrache sur le trottoir, on se colle au bâtiment et on hisse la nacelle jusqu'au balcon du deuxième étage. Je suis dans la nacelle et j'accroche le tissu au balcon pendant qu'en bas les quatre autres chevaliers jouent du cor de chasse et entament le chant de ralliement : « L'ordre des Chevaliers à col roulé, en mocassins et velours côtelé ! Nous faisons allégeance pour porter ta vengeance. » Les militants sortent aux fenêtres et nous conspuent, les gens dans la rue bloquent sur le spectacle, et nous, on se régale. La sécurité du bâtiment arrive très vite et nous somme de quitter les lieux. Conscients qu'on a ce qu'il faut comme images, on s'en va, avant que la police ne se pointe. Enfin, on se pose devant la porte d'entrée de l'Élysée et l'ordre des Chevaliers exige que « l'hôte indigne de ces lieux, le félon de la droite, l'horrible nain soit chassé immédiatement ». Les policiers nous évacuent, nous les traitons de « gueux » et nous entamons à nouveau notre chant de ralliement. Bref, c'est un joyeux bordel devant le premier bâtiment de France. Petite halte sur le côté avec vérification des papiers et *tutti quanti* ; un képi plus âgé avec un talkie-walkie nous dit : « Tant que je n'ai pas reçu l'ordre de vous laisser partir, vous restez ici, Action Discrète. » Vingt minutes plus tard, on repart tranquilles. Sympa, Sarko... en fait. Moins sympas certains militants de l'UMP qui s'emparent de notre oriflamme et font une photo où ils ne cachent pas leur haine de l'homme en or aux cheveux d'argent. Ils ont les pieds sur ce qui sert désormais officiellement de paillasson et font circuler le cliché sur les réseaux sociaux. L'UMP pour éviter toute polémique fait retirer la photo et les militants incriminés tweetent un mot d'excuse. On apprend à la dernière minute que le beau Dodo est présent dans les locaux de Sciences Po pour une conférence. On s'incruste, on se jette sur lui, on l'embrasse et lui lèche les mocassins... Il sourit... On aurait pu rester des heures collés comme des ados, mais malheureusement ses gardes du corps ne comprennent rien à ce qui se passe et nous expulsent de la salle. Dommage, il y avait (déjà) une si belle ambiance à droite.

Al Qacadoie (février 2011)

Une mouvance très sympathique et promise à un bel avenir apparaît début 2000, elle s'appelle le terrorisme intégriste islamique. Elle frappe indirectement le pays en s'attaquant à des intérêts français à l'étranger – le Paris-Dakar notamment connaît quelques soucis. À l'époque, on peut encore faire des blagues sur le sujet, même dans le réel. Alors, toujours visionnaire et créatif, le groupe décide de réaliser une caméra cachée de très bon goût. On part du principe que, bientôt, toutes les manifestations sportives seront touchées, même celles sur le sol national. Avec Pierre, on joue donc deux radicaux, parés d'une djellaba et d'une fausse barbe, et on attaque, à notre manière, des lieux choisis au débotté. Ça part bien, n'est-ce pas ? On commence par un bowling archi-bondé. On rentre dedans et, alors que les quilles s'éclatent, on explose des pétards en hurlant « Allah akbar ! » et on s'en va. On ne dirait pas comme ça mais, si le parfum comique laisse à désirer, à l'image ça a de la gueule quand même. Thomas, lui, joue un quidam présent par hasard et doit recueillir les réactions des piégés. Passé notre apparition éclair, Thomas va ainsi à la rencontre des joueurs de grosse boule pour prendre la température... Ils ne sont pas du tout choqués par ce qu'il vient de se passer, ils se doutent que deux barbus sont plus des pauvres types que le noyau dur d'Al-Qaïda, et l'un des joueurs dit même à Thomas : « On s'en fout des deux débiles ! Là, y a Gégé, il est sur un 240 points, tu nous lâches. » Cerise sur le gâteau, Thomas apprend que c'est une amicale de la police qui a privatisé l'endroit, il n'y a donc que des flics dans le bowling ! Imaginez si ces derniers avaient décidé de réagir... On avait le sketch de l'année ! Plus loin dans la légèreté et l'empathie, on se rend à la patinoire géante installée place de l'Hôtel-de-Ville. Rebelote, on balance nos pétards et on hurle. Rebelote, les gens ne comprennent pas vraiment ce qui se passe, il faut dire qu'à ce moment-là, en Europe, des barbus qui font les marioles, y en a aussi à Noël, donc personne ne relève. On se sent assez misérables avec Pierrot (c'est pas la première fois, c'est pas la dernière), le sketch ne sera pas top, on le sait. Alors qu'on va quitter la patinoire, et que tous ces gens continuent à glisser dans une jolie farandole, un homme sort de nulle part et essaie d'attraper Pierre (c'est souvent Pierre qui a pris cher, c'est bizarre). On pense d'abord à un agent de sécurité un peu plus conscient que les autres, mais non, c'est visiblement un gars venu avec ses enfants pour profiter de la glace. Déjà derrière la rambarde, je reviens extirper Pierre du bordel, mais le mec lâche rien et hurle même : « Police, police ! » Il arrache le costume de Pierre, qui se retrouve à moitié en slip. Alors là, ça commence à devenir intéressant, on est peut-être en train de faire un remake imprévu d'un film des Charlots ou du meilleur de Stéphane Collaro (en même temps, un mec en slip, c'est toujours drôle. Alors, un mec en slip avec une fausse barbe, on tutoie les sommets.) Plus sérieusement, on calme le jeu parce que le type est tendu et, encore une fois, il faut protéger l'œuvre et ramener coûte que coûte l'équipe et le matos à la maison. L'atmosphère est bizarre, les patineurs nous regardent désormais de travers, des agents de sécurité montrent le bout de leur nez ; on décide de quitter l'endroit mais le type nous suit. On lâche nos personnages pour redevenir nous-mêmes, des types sympas, affables, qui payent leurs impôts... On explique au monsieur, très remonté, qui nous avoue qu'il est policier mais pas en service, qu'on est payés par la mairie. Tout ça est organisé bien sûr, c'est pour faire une blague à Ludo le metteur en glace de la patinoire qui fête ses cinquante ans, et on en profite pour alerter les citoyens des dangers du terrorisme et comment réagir en cas d'attaque. Bref, on improvise très mal et tout ça n'a aucun sens. Mais on ne sait pas pourquoi, ça marche. Le mec nous donne même son numéro de téléphone et nous lâche : « J'aimerais bien bosser avec vous, c'est une belle initiative de faire la prévention autour du terrorisme parce que je pense que, dans quelques années, on va morfler. »

Il y en a eu d'autres, des roulades, avec des religieux, des ONG, des syndicats, des militaires et des « people ». Et pas n'importe lesquels ! Les frères jumeaux du star-system international : le chanteur Frédéric François... et l'acteur Brad Pitt. Si, si, Brady et Frédo, deux salles, deux ambiances, l'alpha et l'oméga de la « hype » mais au bout, le même lot de rigolade. J'évoquerai Frédo plus tard, mais en tout cas le beau gosse américain nous attaquera pour « violation de propriété privée » après qu'on ait simulé son mariage avec Angelina Jolie. Soigneusement perruqués et déguisés en mariés, nous filmerons Angelina (enfin moi, évidemment) et Brad (Patruche, bien sûr) se passer la bague au doigt dans le parc de leur domaine provençal du château de Miraval. On s'est faufilés en hélico dans la garrigue, on a esquivé les caméras de surveillance, mais la sécurité a fini par nous repérer et nous a livrés à la gendarmerie. La maréchaussée, parlons-en, ils ont souvent été d'excellents seconds rôles. Je me souviens d'une séquence où on joue des fans complètement allumés de *Braquo*, la série télé à succès d'Olivier Marchal. Avec Thomas, on rentre dans des commissariats pour déposer une plainte bidon et quand les policiers, après avoir pris notre déposition, nous disent : « On vous tient au courant », normal, la procédure, quoi... on part instantanément en vrille et on insulte tout le poste en disant en substance que dans notre série préférée : « Les flics, ils se bougent le cul tout de suite, ils ont des couilles, ils tirent direct sur les voyous, c'est pas des fiottes comme vous ! » Thomas, notamment, retourne le commissariat du 14ᵉ arrondissement et choque le divisionnaire qui nous fera chier longtemps avec une plainte pour « insulte à agent de l'État ». Une autre fois, on joue un sketch dans lequel deux équipes de journalistes s'embrouillent entre elles. Ça s'envenime et les gendarmes nous embarquent au poste où on continue l'affrontement jusqu'au moment où une gendarme me dit à l'oreille : « Ce ne sont pas des vrais journalistes comme vous, eux, c'est des connards de Canal+ qui font des caméras cachées. Portez plainte, vous allez gagner ! » La vedette à képi avait reconnu les autres, mais pas moi, ce qui en dit long sur ma notoriété. Je quitte le poste sans demander mon reste, l'ensemble de l'équipe fait de même. Les gendarmes captent toujours rien à la vanne, et trois mois plus tard on reçoit une plainte pour « dénonciation calomnieuse et trouble d'un lieu de haute autorité ». Les gendarmes étaient colère... Mais tout doux bijou, les forces de l'ordre aiment aussi rigoler. Ils ont par exemple adoré notre hit (plusieurs centaines de milliers de vues) *Insultes aux flics* où on démontrait qu'on peut insulter la police sans finir au poste. Et, quand on a remonté les Champs-Élysées pour le clip de *Putix* (la mascotte de l'équipe de France de football en 2008, à la suite du scandale des prostituées avec certains joueurs des Bleus) sur un char avec fumigènes et sono, la BAC du coin qui nous est tombée dessus et nous a gardés deux heures pour vérifier nos identités a tout de suite souri en voyant nos dégaines. Pareil quand ils ont vu Kazar déguisé en Kadhafi et qu'on a réussi à faire croire à quelques Parisiens que le chef libyen se baladait dans la boutique du Vieux Campeur à la recherche d'une tente pour loger dans le jardin de l'Élysée chez son ex-ami Sarkozy. Mais c'est au moment où on s'y attend le moins qu'on a le droit à des complications. Pourtant, avec ce sketch, on ne l'a pas vu venir, on était bien, on était à la fraîche. Pardon, à la Georges Frêche.

LA GRANDE AUDITION

« Quand nous serons tous coupables, ce sera la démocratie. »

Albert Camus (1913 – 1960)

Mars 2010, le quotidien *20 Minutes* l'annonce en gros titre : « Action Discrète à Montpellier : le sketch de trop ? » Et, honnêtement, ce matin-là, on se pose également la question. Non pas que nous regrettions la blagounette, mais ça va un peu loin quand même puisque nous sommes convoqués à la DCRI. Pour être auditionnés. DCRI pour Direction centrale du renseignement intérieur, fusion récente de la DST et des Renseignements généraux. Adieu, les Brigades du Tigre, bonjour, le FBI à la française ! Une de nos caméras cachées a suscité tellement de plaintes et de réactions que la DCRI s'empare du sujet et nous demande de nous expliquer. Pour une fois, c'est vrai, on a un peu fait les cons. Pour résumer : on s'est rendus à Montpellier en pleine saison électorale et on s'est fait passer pour des militants du candidat Georges Frêche, le menhir socialiste local. On tracte dans la ville, on parle aux gens avec le franc-parler légendaire de Frêche. En gros, on croise un Noir dans la rue, on lui dit : « Tu sais que Georges Frêche il est de gauche, et il a beaucoup de respect pour les Papous comme toi ! Alors vote pour lui, camarade. » On multiplie propos provocateurs et insultants, mais dans un climat sympathique et méridional comme Georgy. À l'origine, on a vu une vidéo hallucinante de Frêche sur un marché où il s'exprime quasiment de la même manière, donc on a voulu tester nous aussi le « parler Frêche » sur place et voir les réactions. Comme d'habitude, la surenchère est de mise et on s'amuse entre nous à qui dira la plus grosse saloperie. Il s'agit de dénoncer un comportement politique qui pose quand même des questions, surtout venant d'un élu de gauche. Résultat : on envoie la purée pendant vingt-quatre heures. Tout le monde nous croit, pas mal de gens (heureusement) nous envoient balader et, le lendemain de la diffusion, c'est l'oscar et le 7 d'or en même temps : une association de personnes handicapées, un bar lesbien, une synagogue, et Georges Frêche et ses proches crient tous au scandale.

Donc, sur ce coup-là, ce n'est pas seulement nos collègues du service juridique de la chaîne qui gèrent les dommages collatéraux, c'est également nous, les autorités ultra-compétentes voulant vraiment savoir si, dans ce sketch, on pensait ce qu'on disait (!). Oncle Yves est présent et nous dit juste : « On la joue cool, comme ça on esquive les emmerdes et Canal est rassuré », et il a raison, tonton. Nous, on est plutôt relax, on se dit juste qu'on n'a rien à cacher, que tout ça c'est pas bien grave… et on est plutôt contents de nous et du moment. Franchement, au panthéon des convocations, on est quand même pas mal ! Y a quoi au-dessus ? L'ONU ? La CIA ? La SPA ?

Sauf qu'on a beau en avoir un peu rien à foutre et assumer pleinement notre séquence, le bâtiment est tout de même impressionnant. Certes, on a vu plus dingue dans toutes les séries américaines, et un militaire français à moustache fera toujours moins peur qu'un militaire américain, lui aussi à moustache. Mais la foire du Trône du renseignement français a quand même fière allure : bâtisse moderne au style épuré, caméras partout et portiques de sécurité, moult militaires et policiers aux corps d'athlète avec fusil d'assaut au poignet. On n'est pas au commissariat de Meudon, c'est certain. À 10 heures, on nous escorte au troisième étage et on tombe direct sur deux gradés. Le premier nous dit : « Alors c'est vous qu'avez fait chier tout Montpellier ? », pendant que l'autre rétorque : « C'est marrant, je pensais avoir lu Action Directe sur ma convoc,mais en fait non, c'est les clowns de Canal. » Le tout, agrémenté d'un sourire aussi sympathique que consterné. L'ambiance n'est pas tant à la déconne : on passe chacun notre tour devant un enquêteur ; on nous déconseille de parler entre nous après chaque entretien et de raconter n'importe quoi (pas évident, monsieur l'agent, c'est justement parce qu'on fait n'importe quoi qu'on est là). Il n'empêche, pour moi en tout cas, l'ambiance a changé, je me rends compte qu'on n'est pas dans les couloirs du CSA. Alors, malgré une culture juridique relative mais fort d'un bon sens doté d'une furieuse envie d'éviter les ennuis, je décide pour les vingt prochaines minutes de botter en touche quoi qu'il arrive, quitte à rejeter la faute sur mes copains et néanmoins collègues (ça vaaa ! Quand il faut payer la tournée au bar, qui c'est qui répond présent ? C'est Bibi bien souvent, donc mollo sur les jugements de valeur.) Je passe en dernier et, tout de suite, je tâte l'ambiance.

MOI

– Entre nous, c'est chaud le dossier ?

L'OFFICIER

– Absolument. Mais vous ne devriez pas finir en prison si c'est ça qui vous perturbe. Vous répondez à mes questions et dans une heure vous êtes chez vous. Alors pour commencer, vous allez me dire quel était le sujet et l'objectif de votre sketch intitulé *La Frêche Touch* tourné à Montpellier il y a une dizaine de jours ?

MOI (souriant)

– L'objectif c'était de se marrer déjà, parce qu'on est des rigolos.

L'OFFICIER

– ...

MOI (moins souriant)

– Plus sérieusement, on s'est inspirés de nombreuses vidéos de Georges Frêche lorsqu'il est en campagne. On voulait dénoncer joyeusement, à l'aide d'une caméra cachée, sa façon très particulière de s'adresser aux gens, principalement issus des minorités. Ce franc-parler du candidat socialiste montpelliérain qui, pour ses sympathisants et lui-même, est sympathique et folklorique dans la forme mais qui, pour beaucoup de monde, a un effet très discutable sur le fond. En gros, est-ce qu'on peut dire avec le sourire à un Arabe : « Salut, le bicot, ça va ? » comme si ce n'était pas grave de s'exprimer ainsi, tout en se déclarant de gauche et républicain. C'est ce phrasé local qu'on voulait confronter dans le réel à notre sauce.

L'OFFICIER

– Votre chaîne Canal+ était au courant du tournage ?

MOI

– Oui. Et pour être tout à fait honnête, au final, ils ont pas aimé.

L'OFFICIER

– Je comprends.

MOI

– Vous avez pas aimé non plus ?

L'OFFICIER

– C'est pas le sujet, mais sachez que vous avez dérangé des personnes qui ont le bras long. Donc moi, je fais mon boulot, je vous auditionne.

MOI

– J'espère que c'est pas les lesbiennes qui nous traquent parce qu'elles ont été super. On voulait justement tomber sur des individus qui laissent pas passer notre langage ordurier, c'était ça l'objectif. On n'est pas que des salopards qui disent des saloperies.

L'OFFICIER

– Justement, en parlant de « saloperies »... Vous, c'est Sébastien, c'est ça ?

MOI

– Oui, c'est moi, merci.

L'OFFICIER

– On va préciser les accusations. Reconnaissez-vous avoir dit dans le bar associatif lesbien à une serveuse : « Ça serait sympa de voter Georges Frêche, il vous aime bien, vous les colleuses de timbre » ?

MOI

– Alors oui, je le dis... oui. Mais à un autre moment.

L'OFFICIER (interloqué)

– Comment ça, vous le dites mais à un autre moment ?

MOI

– Avant une caméra cachée on cogite le truc, on prépare un peu les blagues, les situations de jeu... J'adorais « colleuse de timbre », ça vient de mon cousin Jean-François. Quand il est bourré, il les appelle comme ça, les lesbiennes. Après c'est beauf comme façon de parler, mais c'est pas homophobe. En plus, c'est mignon de coller des timbres, et c'est vrai que maintenant on le fait plus dans la vie parce que le timbre est autocollant, vous avez vu et...

L'OFFICIER (qui me coupe)

– Il n'empêche, le terme est déplacé et condamnable. Vous comprenez ça ?

MOI

– Attendez, vous n'allez pas auditionner mon cousin Jean-François, lui, il a un vrai métier et une famille, s'il est convoqué chez vous, ça craint et...

L'OFFICIER

– Je m'en fiche de votre cousin, continuez.

MOI

– Moi je le dis mais devant le bar. Genre je me le dis à moi-même, seul, je répète, je me chauffe, dix minutes avant... Mais la serveuse a dû entendre, c'est pour ça qu'elle me le ressort dans le bar. Et pour que ça fasse vrai dialogue à l'écran, on a pris une piste où on m'entend le dire avant, et on l'a collée, comme un timbre d'ailleurs, c'est marrant.

L'OFFICIER (sans émotion)

– C'est à mourir de rire.

MOI

– On l'a collée sur une image de moi où, bien monté et bien mixé, on peut penser que cette expression sort de ma bouche, en action, en réponse à cette dame, alors que c'est bien avant et que la demoiselle, à ce moment-là, elle n'est pas là. Vous saisissez ?

L'OFFICIER

– Donc, si j'ai bien compris, vous avez dit « colleuse de timbre » mais pas sur le moment. Et vous l'avez rattrapé au montage pour qu'on croie que vous l'avez dit sur le moment à cette fille. Donc, dans la vidéo, on vous voit tenir un propos insultant à une fille mais, en fait, vous ne lui dites pas « colleuse de timbre », vous lui dites autre chose à ce moment-là.

MOI

– Et oui, je ne me serais pas permis de telles ignominies. Et puis, vous connaissez la téloche, c'est pipeau et compagnie. Et le pire c'est en radio ! Tous les canulars téléphoniques, si vous tendez bien l'oreille, c'est souvent la même personne qu'est piégée parce qu'elle a la même voix à chaque fois, mais comme on la voit on est comme des cons parce que...

L'OFFICIER (qui me coupe)

– Merci pour l'anecdote. Chaque comédien participe à l'écriture des sketchs ?

MOI

– Oui.

L'OFFICIER

– Cela signifie que vous avez écrit « Les juifs, s'ils veulent se couper le zguègue et se mettre un couvercle sur la tête, c'est leur problème. Frêche, il les aime quand même. » Phrase qui apparaît dans la séquence à la synagogue.

MOI

– Alors oui. Mais celle-là, non.

L'OFFICIER

– Comment ça « oui, mais celle-là, non » ?

MOI

– Chaque semaine, on écrit le cadre, l'enjeu, quelques vannes, et on se partage les séquences à détailler. Et, de mémoire, c'est l'équipe du matin qui a écrit la partie à la synagogue, moi j'étais dans l'équipe du soir.

L'OFFICIER

– D'accord. Et elle a écrit quoi, l'équipe du soir ?

MOI

– De mémoire, elle a écrit le passage dans la maison des handicapés.

L'OFFICIER

– Parfait, alors « de mémoire », reconnaissez-vous, monsieur Thoen, avoir dit à Mme X à l'accueil de la maison des handicapés : « M. Frêche, faut le soutenir, il a toujours respecté les baveux et les gogolitos » ?

MOI

– Ah non, c'est pas moi, ça. Je sais plus qui était avec moi, mais c'est pas moi.

L'officier s'arrête net. Ses mains calleuses quittent son

clavier d'ordinateur d'une marque américaine qui a jugé pertinent de prendre comme symbole un fruit dont la plus grande qualité est d'être le principal ingrédient de la tarte aux pommes. Il se penche un peu en arrière, croise les bras, soupire et semble à ce moment-là hésiter entre deux gestes : me prendre dans ses bras ou me pisser dessus.

L'OFFICIER

– Écoutez, jeune homme, mes collègues et moi-même avons beaucoup de travail. Al-Qaïda, ça vous parle ?

MOI

– Ah oui. Et leurs caméras cachées laissent vraiment à désirer.

L'OFFICIER

– Mais vous aussi dans un autre genre ! Et je commence à en avoir marre ! Vous dites des trucs que vous avez dits mais pas au même moment où vous les avez dits ? ! Votre collègue Kazar, il dit qu'il y est pour rien, il a juste lu un texte écrit par Thomas Séraphine. Et les trois autres gugusses, à les écouter, on a l'impression qu'ils ont jamais foutu les pieds à Montpellier. Donc maintenant vous vous taisez, vous signez là et vous sortez. Compris ?

MOI

– Franchement, moi je vous ai dit tout ce que je savais.

L'OFFICIER

– Dehors !

C'est officiel, on est dans l'œil du viseur, et résultat : un rappel à la loi pour tonton Yves ainsi qu'un avertissement pour la chaîne cryptée, ce qui la fait moyennement rire... Il va falloir faire preuve d'un peu plus de vigilance à l'avenir, l'émission n'est ni géniale, ni célèbre, ni rentable, ce genre d'épisode s'il venait à se répéter pourrait nous causer de vrais ennuis à terme. Mais faut pas croire, pour un comique, il y a plus dangereux que le CSA, la DCRI, la police, la gendarmerie, les politiques, les handicapés... il y a tout simplement les gens.

LA GUERRE DES BOUFFONS

« La célébrité n'est pas facile à assumer, je ne vois rien de pire… Si, peut-être, l'anonymat. »

Guy Bedos (1934 - 2020)

C'est pas toujours drôle d'être drôle. Enfin je veux dire, c'est pas toujours drôle d'être comique. Enfin je veux dire, c'est pas toujours drôle d'être comique et connu. Ce à quoi vous allez me dire : « Bah toi, tu dois être peinard. » Merci, c'est sympa. Je vous raconte quand même : Festival de Cannes 2009, je suis sur zone, le groupe tournant quelques sketchs dans la belle cité du 06. Un soir, je traîne sur la Croisette, m'exerçant à un jeu trouvé quelque temps plus tôt avec le père Kazar et que j'affectionne particulièrement, même en solo. La règle est simple : je me poste non loin d'un glacier et, dès qu'une personne (tout âge, tout sexe, toute couleur) se pointe à ma hauteur avec un cornet orné d'une seule boule, je lui balance, clin d'œil à l'appui : « C'est marrant, j'ai la même. Avec deux boules. » C'est hilarant, bienveillant et de très bon goût. En parallèle, je médite sur mon statut : je suis, depuis sept ans, toujours payé à faire le zouave alors que, dans mes rêves les plus fous, je pensais que ça allait durer trois jours. Bref, dans ma tête et même si personne ne le sait, je suis le roi du monde. Mais, à une trentaine de mètres de là, je rencontre les véritables rois du monde, enfin ceux de notre monde, celui de la contrepétrie et de la gaudriole télé : Omar et Fred. À l'époque, ils sont au sommet avec leur *SAV des émissions*, ce sont les Franck Sinatra et Sammy Davis Junior du Lol tricolore (ou plutôt bicolore. Rhooo). Ils ont beau marcher tranquillement le long de la mer, tous les passants les reconnaissent et, dans la minute, c'est une avalanche de demandes d'autographes et de selfies qui les emporte, ajoutée à un déferlement de familiarités et de tapes dans le dos. Au début, les deux sympathiques zigotos se prêtent au jeu, mais la horde s'agrandit et la situation se complique. À la énième sollicitation, Omar Sy explique gentiment qu'ils doivent quitter les lieux, la séance de dédicace étant par essence terminée. Malheureusement, la moitié des groupies ne veut rien entendre. Particulièrement un quadra en chemisette à fleurs qui retient le bras d'Omar en tendant son téléphone, exigeant immédiatement une vidéo en hurlant « Fais Doudou Johnny Hallyday, c'est pour mon beau-frère Hervé. » Le type est insistant et lourd, alors le duo s'énerve quelque peu et Omar repousse le bougre, lui signalant que son comportement est relativement soûlant. Ce dernier hallucine et insulte alors copieusement les deux vedettes sur plusieurs mètres, passant de « T'es plus drôle et sympa à la télé ! » à « Pour qui tu te prends ? Sans nous, t'es rien ! » C'est le coauteur du binôme qui sépare tout ce beau monde et encourage ses deux poulains à laisser tomber, sous les sifflets des badauds... L'altercation est cauchemardesque, je reste scotché sur mon siège, littéralement tétanisé. Certes, ce n'est pas le conflit au Yémen, mais ça en dit long sur la condition humaine, et par ricochet sur la mienne.

Que nous dit cette tragédie ? Que l'artiste ne peut pas dire « stop » si le chaland dit « encore » ? Que le clown ne peut pas faire tomber le nez rouge si le spectateur veut à nouveau rire ?

Pensez-vous que ce fan était dans son droit ? Je ne crois pas. Pensez-vous qu'Omar était dans le sien ? Je crois bien. Répondre favorablement à toutes les exigences du public faisait-il partie du service après-vente du *Service après-vente des émissions* ? Hum, pas con. À sa place, aurais-je réagi de la même façon ? Bien sûr que non. Je serais resté des heures, multipliant les selfies et les bisous, slamant dans la foule et zappant mon dîner subventionné ! J'étais prêt à chanter *Que je t'aime* en créole et même en portugais toute la nuit pour que, justement, la Croisette m'aime !

Mais il est aisé de confesser la chose sereinement par écrit treize ans plus tard, complètement nu dans son jacuzzi, en contemplant ses vignes provençales avec *Via Veneto* de Phoenix en fond sonore. Ce soir-là, je l'avoue, je n'en menais pas large. Je savais déjà qu'un rigolo, dans son travail, n'a pas le choix : il doit faire rire. Les gens ne souligneront jamais chez un comique l'effort, l'originalité, l'énergie, la prise de risque comme on peut le faire avec un musicien, un cinéaste ou un pompier. Le comique est drôle ou pas, point. Et s'il ne l'est pas, la sentence est terrible : il est nul, ridicule, arrogant, bobo, de gauche, etc. Mais si encaisser les critiques dans le cadre de son travail est une chose… devoir servir la soupe dans la vie de tous les jours sous peine de passer pour le dernier des enfoirés en est une autre. Visiblement pour certains, quand on est payé à faire des bêtises, on se doit d'être généreux et affable, sinon c'est la guillotine. Le cercle privé ne se comporte guère mieux, certains proches sont des chiens et te sermonnent volontiers et violemment quand tu as un petit coup de moins bien, oubliant la précarité évidente de ton activité et le respect naturel que l'on doit aux célébrités. J'ai déjà entendu : « Oooh ça va, t'es payé grassement à faire le con alors te plains pas et fais péter les jolis cadeaux à Noël ! ». Mais le plus dur, ça reste le bitume. À-t-on déjà vu quelqu'un demander dans la rue à son chanteur préféré de pousser la chansonnette ? Ou à son acteur préféré de lui rejouer une scène dramatique ? Je ne pense pas. Avec ces catégories de saltimbanques, on y va doucement, on respecte, personne n'aurait l'idée d'aller déranger François Berléand quand il flunche en famille. Les êtres humains prennent moins de pincettes avec les humoristes et, hasard ou pas, dans les mois qui ont suivi l'épisode cannois, j'ai commencé à vivre le même genre de mésaventure. Pendant des années, j'étais un anonyme parmi les anonymes, un sans nom, un *no life*, une crotte quoi. Bien sûr, il arrivait parfois qu'on me confonde avec quelqu'un de très beau ou de très talentueux, mais c'était accidentel. Il faut dire qu'une émission de caméra cachée avec des cagoules sur une chaîne cryptée à petite audience ne facilite pas la reconnaissance du grand public. Je tombais de temps à autre sur des trentenaires qui me disaient : « Je te connais mais je sais pas d'où. » À cela, je répondais très sérieusement : « On a dû se croiser au Monop' de la Motte-Picquet dans le 15e, je passe ma vie au rayon Danette » ou « Moi aussi, ton visage me dit quelque chose, t'étais pas en colo à Saint-Brévin en 92 ? Messe le matin, voile l'après-midi ? » Le type me répondait : « Non, non, c'est pas en colo, c'est pas au Monop', ah merde, mais je sais, je sais. » Ben non, tu sais rien, champion, et moi, pendant ce temps-là, intérieurement, je me marre. C'était une petite caméra cachée, pour le fun, sans caméra, et sans rire, à part le mien. Mais, à force de présence sur les écrans, on a commencé à me repérer, et la fréquentation de quelques bars nocturnes spécifiquement s'est révélée quelques fois délicate. Exemple récurrent : la bande de potes, sympas au début, les gars aiment bien ce que tu fais... et puis, au bout de vingt minutes, ils commencent à dire que tel sketch n'était pas réussi, que dans

Action Discrète certains sont plus drôles que d'autres (cela dit, c'est vrai), que leur pote Ludo le chauffagiste est plus rigolo que nous (cela dit, c'est possible), etc. Bref, ils commencent à casser les couilles. Ce n'était pas l'enfer, ça ne gâchait pas la soirée, mais j'aurais pu m'en passer. Plus dérangeant, la fille un peu avinée. Elle se pointe devant toi et elle te dit cash avec une voix de velours côtelé et un phrasé légèrement saccadé : « Eh toaa, excuse-moaa, mais mon mec il dit que t'es connu et que t'es drôle ! Mais moaa avec ma copine on t'a jamais vu, t'es qui ? T'es drôle ? Je crois paaas, t'es pas chez Yann Barthès ? ! » Désolé, Simone Weil, désolé, Beyoncé, désolé, mon amour, mais dans ces moments-là j'aurais pu voter Éric Zemmour.

Heureusement, dans cette chasse aux sorcières unisexe, il y a eu aussi des petites victoires. Je me souviens de ce jeune homme chemise vichy, cheveux très courts, rasé de près, veste Barbour, écharpe blanche (sûrement un pionnier du mouvement woke), qui me tint à peu près ce langage :

— Mouais, *Action Discrète* c'est pas mal mais c'est facile. À quand un sketch dans une mosquée ?

— On l'a déjà fait

— Ah mouais ! ? Alors à quand un sketch sur le conflit israélo-palestinien ?

— Déjà fait aussi.

— Ah mouais ! ? Et une blague sur les gauchistes ?

— C'est minimum un sketch sur trois.

— Ah mouais ! ?

— En revanche, on n'a jamais fait de blague sur Ikea. On peut pas tout faire non plus. Tu te sens pas d'essayer avec tes potes, toi ?

— Mouais c'est bon, pfff...

Mouché le progressiste, ah ! Mais, comme dans un safari en banlieue, les meilleures choses ont une fin. Trois semaines plus tard, je me balade dans les rayons de mon Monop' (vous voyez, je disais vrai) à la recherche de quelques végétaux. Calé au rez-de-chaussée, entouré de baies vitrées qui donnent sur la chaussée, j'aperçois un homme au-dehors. La cinquantaine, chemise à carreaux, un peu débraillé, bob en cuir, barbe de trois jours, sac à dos rose (sûrement un leader Génération identitaire), il regarde dans ma direction, m'envoyant des amabilités et autres petits pouces levés. Je le remercie avec un rapide mouvement de la main, puis retourne à mes obligations d'homme moderne. Mon téléphone sonne, c'est ma grand-mère, je réponds. Et là, je me retourne, et qui est planté juste derrière moi ? Le monsieur au bob en cuir. Je le salue encore puis continue mon chemin, mais le gaillard me colle. Je souris toujours, le remercie pour ses compliments, je lui dis même que dans trois minutes je suis à lui mais que là, tout de suite, je suis occupé. Le bonhomme s'en fout et il me parle désormais à deux centimètres de l'oreille ! J'en viens à mentir et lui confier que ma grand-mère est sourde, donc c'est compliqué là, mais il me lâche pas ! À un moment, gavé, je lui lance fermement : « Écoutez, c'est gentil, mais je vous le dis depuis cinq minutes, je suis au téléphone, laissez-moi tranquille deux secondes, vous faites chier ! » Bim ! Le mec s'arrête net. Switch intégral, le sourire s'en est allé, place à la haine larvée. Il me regarde droit dans les yeux et hurle dans le magasin : « Quoi ! ? Moi, je te fais chier ! Et toi, tu fais pas chier tout le monde dans tes caméras cachées ! Hé, bouffon, va ! » Et il quitte la centrale d'achats. Silence total au rayon légumes bio. Un ange passe au milieu des courgettes. Ou plutôt un démon. Prostré, je réalise qu'autour de moi c'est Fukushima : entre ces deux vieilles dames qui ont de la peine pour ma personne, le vigile qui a l'air d'être d'accord avec le constat du mec au bob et la majorité de l'assemblée qui se demande tout simplement qui je suis. J'ai le droit aux regards les plus méprisants et désolés de ma courte vie (depuis l'oral de mon baccalauréat ES en maths, où j'ai soutenu mordicus à l'examinateur que je n'avais jamais entendu parler de probabilités et de fonctions logarithmes, soit l'essentiel du programme du cursus, autant dire que je me foutais royalement de sa gueule). Les questions affluent alors dans mon cerveau : malgré un goût discutable pour les bobs en cuir, et si cet homme avait raison ? Parce que oui, comme il le dit, j'ai « fait chier des gens », et en plus pour de l'argent, alors n'est-ce pas un petit peu légitime qu'on me « fasse chier » de temps en temps ? Ai-je le droit de mal le vivre ? Ce retour de bâton est-il vraiment étonnant ? Et si ce bâton appartenait à Dieu ? Quoi qu'il en soit, touché coulé le chansonnier. Ce type au bob, « l'enfant de partouze » comme j'aime à le surnommer depuis, a ouvert la boîte de Pandore de *larchuma* et sorti de terre des sentiments que je croyais enfouis dans les abysses du canular, brisant en moi toute paix intérieure et humiliant tout parcours professionnel. Plus les secondes avancent, plus le tourbillon de névroses grossit, les remises en question, les remords, les prises de conscience avec. C'est désormais l'ensemble de notre œuvre et de sa morale que je pointe du doigt : combien de gens qui, encore aujourd'hui, sont moqués et raillés par leur proches pendant le repas dominical entre le fromage et la tarte Tatin : « Denis, enfin, comment tu les as pas reconnus ces cons d'Action Discrète ? Et comment t'as pu gober leurs conneries ? ! » Combien d'individus envoyés en dépression sur l'autel de l'esprit Canal ? Je pense aussi à ceux qui ont payé un encore plus lourd tribut à cause de nos caméras cachées. Je songe par exemple à notre sketch *Les Skinass* à Tours, en janvier 2011. Ce policier, responsable des événements sur la voie publique, à qui on annonce qu'en bons militants FN pro-Marine on va fêter la victoire dans les rues de sa ville de notre pouliche avec des ratonnades et des chants antisémites, mais attention, dans un bon esprit (sic. ou plutôt sieg). Le policier n'est pas choqué, plutôt emballé même par notre délire. L'affaire fait grand bruit localement et le policer est muté. Un mois plus tard, habillés en loubards années 1980, en plein scandale du supposé espionnage industriel chinois en France, on parvient à gratter un rendez-vous avec un haut dignitaire de l'empire du Milieu à Paris, responsable des échanges commerciaux. On arrive avec nos cuirs, notre cheveu sur la langue, et surtout avec des brevets d'invention français volés, espérant les lui revendre à bon prix. Évidemment, les trouvailles sont comme nous, débiles et improbables. Ce gant télécommandé notamment, qui permet de ne rater aucun coup au ping-pong, qu'on teste avec une balle sur son immense bureau. Il ne nous écoute que vingt minutes mais, trop tard, l'affront est fait, filmé et diffusé le dimanche. Et les autorités chinoises ne rigolent pas, on l'apprend plus tard de source sûre : il est muté lui aussi, et dans son pays, et visiblement pas à la compta. Ou pendant les parrainages pour les présidentielles quand ce maire de campagne un peu trop chaud du slip qui, à la suite de notre sketch où on lui propose une fille à la cuisse légère, a sûrement perdu sa femme, des amis et une partie de son honneur (voir chapitre « À tchao, bonsoir ! »)... Ou encore toutes celles et ceux à qui on a fait vivre un mauvais moment ou qui n'ont jamais compris que c'était une blague, vu qu'on partait en courant, sans donner de nouvelles...

Où sont ces gens ? Comment vont-ils ? Mieux que moi à cet instant ou pire ? Ont-ils ri depuis ? Ont-ils repris goût à la vie ? Et puis je repense à la phrase du mec au bob : connard, admettons, mais bouffon c'est vraiment horrible comme insulte, non ? Et en même temps bouffon, c'est ma fonction ? !

Autant de cas de conscience et de questions d'ordre moral qui auraient perturbé les plus grands, de Socrate à Lacan en passant par Patrick Pelloux. Je sais que certains membres du groupe n'ont pas toujours bien vécu ce que nous faisions, et qu'en ce qui les concerne le temps serait assassin car à un moment, mentalement comme physiquement, le corps ne répondrait plus. Mais autant d'êtres humains ne peuvent pas souffrir à ce point pour une blague ? Surtout pas moi ! Mais là, force est de constater que devant les betteraves et les pleurotes c'est moi qui pleure et qui tremblote. Car oui, en 2010, on peut être taquin, facétieux, blagueur, à la limite de l'ISF et avoir un cœur !

Il me faudra bien vingt minutes pour m'en remettre et que je fasse de nouveau allégeance au dieu du rire et de la moquerie. Parce qu'à ce moment-là je n'ai qu'une envie, rentrer chez moi et m'étouffer dans mon hammam. Heureusement pour moi, Canal+ et l'humour de France en général, la température de ce dernier atteint difficilement les trente-deux degrés, à cause du technicien qui a lamentablement foiré la vidange du bain de vapeur. Quel bouffon lui aussi.

ACTION DISCRÈTE VS ACTION DIRECTE

« Ni Dieu, ni Maître (même nageur) »

Jean Yanne (1933 - 2003)

Hééééé ! Devinette ! Qui m'a dit un jour : « Toi et tes potes vous me devez des royalties » ? S'agit-il de :

A) Marcel Béliveau

B) Nicolas Sarkozy

C) Jean-Marc Rouillan d'Action Directe

C'est quoi trois mecs tout nus qui font la queue leu leu ?

L'anniversaire du mec du milieu.

C ! Oui, c'est la réponse C ! Si tu as bien répondu, tu peux retourner le livre car tu gagnes cette autre devinette formidable à raconter en famille.

On est en 2013, je suis dans un restau corse chez des copains en région PACA et v'la ti pas que, tout à coup, qui est en face de moi ? Jean-Marc Rouillan. Absolument, mesdames et messieurs, Jean-Marc Rouillan ! Le fondateur du groupe terroriste Action Directe est sorti de prison il y a à peine deux ans. Si, si, il est là devant moi, il est en train de finir son gâteau à la châtaigne et il me sort ça. Moi, forcément, je rigole. D'une, parce que c'est ce que je fais quand on me parle d'argent. De deux, parce que si ça se trouve il rigole pas, il veut vraiment des sous et j'en ai pas. Et là, ça peut commencer à devenir drôle. Mes amis quittent la table pour vaquer à d'autres occupations, je me retrouve seul face à lui, *face to face, eye to eye*... dent pour dent ? Possible, vu la première phrase de Jean-Marc. Le match commence, vous l'avez lu, c'est tendu, je sors quand même du vestiaire et engage le combat.

MOI

– Salut. Mais comment ça, Jean-Marc, on te doit des royalties ?

JM

– Le nom, pardi ! Action Directe/Action Discrète ça s'appelle du plagiat, je crois ? Sans nous demander en plus à moi et mes camarades si ça nous dérangeait.

MOI

– Alors oui, mais je veux dire non, enfin excuse-nous. Certes, il y a une analogie évidente, un hommage même. Enfin, s'il y a hommage, il est principalement étymologique. Dans le sens où oui les lettres et leur alignement se rapprochent et puis dans la forme, l'activisme, la cagoule. Même si j'ai le souvenir, mais dis-moi si je me trompe, que vous étiez pas très cagoules, Action Directe, c'est plus le FLNC ou l'ETA, n'est-ce pas ? Encore que l'ETA de mémoire, c'étaient des bérets mais avec en-dessous une cagoule, donc eux c'était encore une autre forme de bal masqué, mais on respecte. Quant à nous, tu as dû remarquer qu'on est pas dans un combat. Même si on admire ceux qui ont des combats. Nous, on n'est pas sérieux, on est des clowns, on a un nez rouge, mais... on est pas rouges. Politiquement. Je veux dire, on est pas de gauche, enfin je veux dire, on a passé l'âge... même si y a pas d'âge, regarde Pierre Arditi. Non mais, Jean-Marc, ce que je veux te dire, c'est que nous on est juste des Français : on veut se marrer et prendre un peu de blé.

JM

– Ben moi j'ai pas envie de me marrer, alors il est où mon blé ?

Je ne sais pas si ça se sent à la lecture, mais je n'étais pas très à l'aise. Pas seulement parce que ma logorrhée titubait et mon corps avec, mais parce que mine de rien, dans la vie, on n'est jamais obligé de vivre ce type de moment. Y a des trucs plus chouettes à faire avant : visiter Vérone, écouter Cerrone, manger du Toblerone (la rime est moyenne mais je vous conseille de vivre les trois en même temps, c'est assez jouissif). Il faut reconnaître qu'il y a des gens, quand ils vous regardent bien droit dans les yeux, très vite vous regardez bien droit dans votre froc. Le silence s'installe, les secondes s'éternisent, Jean-Marc me fixe toujours ; je commence à bien connaître les contours de mon slip quand tout à coup notre ami commun nous rejoint à la table.

NOTRE AMI

– C'est bon, c'est réglé ?

MOI

– Oh, on est entre amis, on va finir par s'entendre, amigo.

JM (qui casse)

– Mais oui ! Il a eu peur, l'humoriste, mais bien sûr que je plaisante. Après, je ne te cache que quand on m'a parlé de vous en promenade, que j'ai découvert votre nom, tout ça m'a interpellé.

MOI

– Tu l'étais déjà en même temps.

JM

– T'es un rigolo, toi. En tout cas, y a deux, trois de vos émissions qui m'ont bien fait marrer. Celle à la Mutualité sur les présidentielles en 2012, c'était pas mal.

Il a bon goût, le gaucho. C'est vrai que le sketch à la Mutualité c'était un bon coup. Si je devais raconter une de nos actions de A à Z ça serait celle-là. Dont acte.

6 mai 2012. On se retrouve dimanche en début d'après-midi dans un bar du 5e arrondissement de Paris. Pas trop loin de la Mutualité, pas trop près non plus ; ça va grouiller de flics et de journalistes, il faut arriver incognito. On est parano et on a raison : le groupe est connu, l'ambiance est électrique et il faut montrer patte blanche pour entrer dans la salle. On est customisés : casquette et fausse moustache

pour certains, et surtout fausses cartes de presse avec inscription en amont à l'événement. Ça fait bien trois ans qu'on a chacun des fausses cartes de presse sous diverses identités – personnellement, je me nomme Pierre Duchamp. Elles nous permettent de nous introduire dans n'importe quel événement politique ou culturel dans des conditions confortables, sans se faire fouiller et avec une vraie caméra et surtout des micros. Deux soucis et pas des moindres : si les gens captent que ce sont des fausses, on est mal car, aux yeux de la loi, une fausse carte de presse c'est comme une fausse carte de policier, c'est du pénal. C'est pourquoi, après chaque utilisation, un assistant est chargé de les récupérer et doit quitter les lieux avec. Ainsi, si on se fait arrêter par la suite, personne ne trouvera les fausses cartes, on dira qu'on est rentré à l'arrache et aucun d'entre nous n'ira en prison. On arrive vers 17 heures « déguisés » en équipe de la chaîne I-Télé (comme d'hab), j'ai une casquette et une perche pour passer pour un ingénieur du son. On se divise en deux groupes pour multiplier les chances de réussir notre coup : d'un côté, Max, Michel notre ingénieur du son, Clémentine notre reine de la caméra lunettes, et trois comédiens. De l'autre, Cyril avec deux comédiens. C'est déjà le bordel devant, ironie du sort, l'antre traditionnel des grandes réunions de la gauche française. Beaucoup de monde qui essaie d'entrer et une rumeur qui enfle : ça sent pas bon pour Nico. On arrive séparément, évitant soigneusement les regards, les caméras et un grand policier moustachu habitué des gros événements politiques qui nous a déjà promis qu'un jour, je le cite, « je nous niquerai AD ». La première équipe, dont je fais partie, passe tranquillement le premier barrage et parviens devant l'accueil médias. Tout se joue maintenant. Il suffit d'une personne de l'organisation un peu zélée et/ou observatrice pour qu'on l'ait dans l'os. Les agents de sécurité débordés par le chaos ambiant nous regardent à peine, on donne nos cartes de presse à une demoiselle d'une vingtaine d'années… Elle n'a ni l'âge ni le physique de notre public, mais tout peut arriver. Elle ne tique pas sur les cartes, regarde sa liste d'invités médias, coche les noms qui correspondent et nous fait signe d'entrer. *Yes*, papa, on est passés ! On avance et tout de suite on se sépare. Max et Michel rejoignent le coin presse en bas de la salle pour faire des images, Jean-Roch, notre assistant, quitte les lieux avec nos fausses cartes de presse et, pendant que Clémentine nous attend, Thomas, Patrice et moi nous fonçons discrètement vers les W-C. Pour la énième fois en dix ans, on s'enferme dans des toilettes pour se changer : je me déleste de ma perche micro que je parviens miraculeusement à planquer dans le faux plafond (il ne faut rien laisser qui semblerait suspect) et je revêts ma panoplie de militant UMP : T-shirt Sarkozy 2012 devant, T-shirt Copé 2017 en dessous. Six minutes plus tard, on quitte le lieu d'intimité et on se dirige vers la salle de jeu. On se mêle aux militants et on évite la sécurité pour monter, comme prévu, au premier étage. Notre position longuement réfléchie en réunion est idéale : au balcon et à quelques mètres de nous, l'écran où va apparaître le visage du vainqueur de la Champion's League hexagonale. Juste en dessous, nos réalisateurs avec leurs caméras et, surtout, tout le gouvernement de l'époque (Fillon, Juppé, Hortefeux, Baroin, NKM, etc.). Les ventres sont légèrement bedonnants, et les permanentes sont sublimes… Ah, y a pas à dire, c'était beau la droite à l'époque. L'ambiance est bouillante, les drapeaux français virevoltent, et nous on suit, pour rester incognito et pour que nos réalisateurs captent des images de nous car le sketch a commencé. On est en place, les résultats sont dans vingt minutes, même si on n'a aucune nouvelle de la seconde équipe, ça sent bon, bordel !

Mais comme dit le proverbe ancien : une caméra cachée, c'est pas une raclette. C'est pas « J'arrive dans le fromage, ça chauffe, j'envoie la patate et c'est la régalade. » Et non ! On n'est pas tout seuls et certains nous veulent du mal. Déjà, à quelques mètres, des gens nous reconnaissent. Certains sont dubitatifs et disent : « Qu'est-ce qu'ils font là, les bouffons de la chaîne bobo ? », mais d'autres sont carrément accueillants comme cette trentenaire BCBG qui nous envoie : « Ah vous êtes là, super ! J'étais sûre que vous étiez de droite ! » Chevaliers du rire pour l'éternité et dotés depuis le temps d'une solide expérience dans l'acte de tartufferie, nous restons imperturbables et premier degré. Nous ne sommes pas des clowns qui préparent un mauvais coup, nous sommes des militants UMP présents pour célébrer Nicolas Sarkozy (et ça n'a rien à voir) et la suite à venir. Nous sommes si proches du but, il est hors de question que ça foire, alors on joue tranquilles notre partition, mais que les minutes sont longues... Et là, premier coup de théâtre ! Alors qu'on attendait la seconde équipe, on apprend par SMS qu'elle est grillée. Pierre est suivi, il ne peut pas bouger. S'il nous rejoint, c'est tout le sketch qui est en péril. Alors, comme on s'est dit au briefing, celui qui se fait repérer s'allonge et laisse la gloire aux autres. Mais forcément on commence à flipper et à s'avouer que notre mise aux arrêts n'est qu'une question de secondes, les regards malveillants en notre direction étant de plus en plus persistants. On n'en mène pas large, mais on se détend aussi sec car on capte que c'est principalement la confirmation de la défaite de Sarko qui rend l'atmosphère suffocante. Rien ne se passe... Et là, second coup de poignard ! Une équipe composée de quelques jeunes militants UMP caméra à la main et faciès de winners nous tombe dessus avec deux costauds de la sécurité. Ils nous filment, nous entourent et, pas peu fiers de leur coup de filet, nous balancent un « Salut, Action Discrète ! Comment ça va ? Ah, désolés, on vous a grillés ! C'est terminé ! » On est dégoûtés, mais je ne sais toujours pas pourquoi, mystère du canular et/ou magie du music-hall, on s'avance vers eux et on reconnaît tout de suite notre défaite. Avec le sourire, et un certain panache. On leur répond : « Bravo les gars, y a pas à dire, chapeau, on allait faire les foufous, c'est vrai, mais les vrais foufous, c'est vous en fait. » Les gars à la mini-vague sont au paradis et même les deux costauds de la sécurité sourient... Tout le monde est content, on devrait pas tarder à se rouler des pelles... Non, vraiment un ange passe... Mais c'était sans compter sur l'intrépidité de tes héros du Lol, cher lecteur ou chère lectrice ! Au même moment, une voix envahit l'espace, les lumières zooment vers l'écran géant qui laisse apparaître le résultat définitif de la présidentielle 2012 ! Nous le savons, nous nous regardons et sans échanger un mot, telle la crème du hooliganisme batave, nous chargeons violemment le gang sarkozyste. Leur première ligne explose, la seconde ne va même pas au contact. Clémentine, toujours au taquet, parvient à se faufiler sans abîmer ses lunettes caméra et enregistre tout ce qui va suivre. L'aventure peut commencer ! Nous sommes sur la rambarde, le visage de François Hollande apparaît, il est le nouveau président de la République.

Un cri d'effroi traverse la salle, et nous on pleure plus fort que les deux mille personnes autour de nous, et à la manière du Dr Banner quand il se transforme en Hulk on déchire de rage nos T-shirts Sarkozy car, comme nos voisins, on réalise que les chars russes sont aux portes de Paris. On laisse alors apparaître d'autres t-shirts siglés « Copé 2017 » avec le magnifique visage du beau Jean-François. Retournement de situation, attitude opposée, on sourit à la vie, on saute de joie, on chante « Copé président » et on encourage l'assistance et le gouvernement, désormais sortant, à nous suivre dans notre délire :

Sarko c'est fini, mais la reconquête a déjà commencé ! Sarko n'est toujours pas arrivé (on le ratera, dommage), nous sommes incontrôlables, la plupart des gens nous sifflent, les journalistes bloquent sur nous, la sécurité qui se réveille nous arrache une banderole à l'effigie de notre champion, pendant que des militants essaient, courageusement, de nous frapper dans le dos. Je revois les regards médusés de François Fillon et Michèle Alliot-Marie qui nous observent et j'entends leurs voix de tête qui doivent dire à peu de chose près : « Mais c'est qui, ces connards ? ! » Mais enfin c'est nous, les copains ! C'est Canal !

Au bout de cinq bonnes minutes d'hystérie, la sécurité nous évacue manu militari. On est donc raccompagnés vers la sortie sous les sifflets du public et on croise Valérie Pécresse devant la Mutualité. On lui dit : « Bah alors, Valoche, on est en retard au pot de départ du patron, pas cool ! » Gênée, elle finit par rigoler (un avant-goût de 2022 ?). Puis, comme on est en France, on nous livre logiquement à la police. Cette dernière, pas au courant de ce qui se passe vraiment, nous demande juste de nous en aller, calmement. Le reste du groupe déjà sorti, en extase derrière les barrières, nous fait le V de la victoire et nous attend pour la suite du sketch ; on va maintenant « copéiser » tout le pays, même les fast-foods. Cerise sur le gâteau, je croise le grand policier moustachu avec son talkie, il s'approche de moi et me glisse à l'oreille : « Action Discrète, c'est la troisième fois que vous me niquez, y aura pas de quatrième. » Je lui rétorque : « Vous inquiétez pas, chef, on est virés dans trois semaines. » Il me répond du tac au tac : « Moi aussi. » Je ne l'ai jamais revu depuis.

LA COMMENTDATUR

« Dis, dis, dis…ce que tu veux. Mais ne joue pas un jeu avec mon affection. »

Say, Say, Say, Paul McCartney (1942 -)
& Michael Jackson (1958 - 2009)

Je m'en souviens comme de ma première érection.1986, j'ai neuf ans, j'habite à Montluçon, dans l'Allier. À quelques mètres de mon HLM, il y a un bistrot, un vrai. Le blase : le Jean Bart. Le comptoir : en L, certifié 100 % acajou. Les bouteilles : du sirop Nimo et du digeo. Au mur : des cartes postales gag du cap d'Agde avec des belles filles dénudées et des jolis jeux de mots, des photos de footballeurs de l'équipe de France, des carafes 51 et une boule à neige du Mont-Saint-Michel. Le tenancier : Guy, moustachu, potelé, chemise à carreaux et pull col V couleur fuchsia. Dans les enceintes : *Noir et Blanc* de Bernard Lavilliers et *The Promise You Made* de Cock Robin. Dans l'arrière-salle, une borne de jeu d'arcade, un flipper et un baby-foot. Vous l'avez compris, les croyants ont Lourdes, les mécréants, le Jean Bart.

Le tenancier est le père d'un copain qui ferme les yeux sur notre jeune âge et considère que les copains de son fils sont ses enfants. Donc ses clients. On en profite et on s'éclate au baby et ses parties à un franc, on détruit au napalm les méchants guérilleros communistes dans le jeu vidéo *Commando*, on jubile au flipper quand on parvient à envoyer la boule dans une des rampes... Quelle période de rêve ! Si seulement l'existence pouvait éternellement ressembler à ça (avec plus de sous et une voix qui aurait mué, bien sûr). Mais je ne me fais guère d'illusions, un jour il faudra trouver un emploi, un logement, une voiture, un four à micro-ondes, se mettre en couple, toutes ces conneries si chères aux Occidentaux.

Un autre spectacle, tout aussi excitant, se joue entre ces murs, très exactement au comptoir, et je n'en rate pas une miette.

Ils sont là, fidèles parmi les fidèles, clients de toujours et pour toujours, collés au comptoir, cloués à leur tabouret, vissés à leur anisette : dans le désordre, Nono, Jean-Luc et Looping. Le dernier c'est un pseudo, il s'appelle Olivier, mais on l'appelle Looping parce qu'il ressemble grave à la star de la série télé *L'Agence tous risques*. En moins idiot mais en plus vilain.

Si une légende affirme que, pour certains, le bistrot est une seconde maison, pour ces trois-là, c'est tout simplement leur maison. La cinquantaine triomphante, Nono, Jean-Luc et Looping n'ont déjà plus rien à gagner mais surtout plus rien à perdre et, dans leur arène, le silence et la nuance sont *non grata* car, comme dirait l'autre, ce n'est pas parce qu'on a rien à dire qu'il faut fermer sa gueule. Heureux hasard, ils ont face à eux l'objet le plus évident et discutable du XXe siècle : une télévision. Bien sûr, aujourd'hui, l'étrangeté, c'est un bar sans écran (en revanche, on ne trouve quasiment plus de baby-foot, ni de flipper. Qu'ils sont cons, ces cafetiers !) Mais en 1986 les images n'ont pas tout envahi, et voir une télévision trôner au milieu d'un débit de boissons a quelque chose de surréaliste.

Et ces trois « beaufs » (je me permets, je sais les reconnaître, il m'arrive d'en être un) passent leur journée les yeux rivés sur le bibelot cathodique, envoyant vocalement la sauce sur toute cette béchamel télévisuelle. La speakerine, le journaliste, l'acteur de série télé, la pub, le jeu et même le panda roux dans le doc animalier ont le droit à leur flot de remarques et d'insultes, personne n'échappant à la panzer-division bourbonnaise. Tout cela sous l'œil de Guy, qui ne dit rien et qui encaisse, en bon Auvergnat.

Quand j'y repense, j'ai rarement entendu autant de saloperies débitées à la minute par des mammifères, et pourtant j'ai travaillé chez Action Discrète. C'est simple, à côté, Audiard c'est Marc Lévy. Morceaux choisis.

1) Devant le flash météo, présentée par Brigitte Simonetta.

JEAN-LUC

– T'sais quoi, Looping ? Je te verrais bien avec elle.

LOOPING

– Ça serait super. Elle est jolie et elle dit des trucs pas cons.

JEAN-LUC

– Elle dit que l'anticyclone des Açores nous protège du nuage de Tchernobyl ! C'est pas un peu con ??

NONO

– Et alors ? Elle est comme trois quarts des gonzesses, elle a pas de cerveau. Après, faut être réaliste, c'est pas celles qu'en ont un qu'on va fourrer.

2) Devant le JT, duplex à Kaboul avec un reporter.

JEAN-LUC

– Il serait pas de « la contre-allée » çui-là ?

NONO

– Non, les tantouzes, ils les mettent pas aux

infos. C'est assez anxiogène comme ça. Ils les foutent entre eux. À l'Eurovision.

LOOPING

– Faut quand même avoir des couilles pour aller en Afghanistan.

NONO

– Quelles couilles ! ? Il est surpayé... Et puis, avec les effets spéciaux aujourd'hui, ils t'embrouillent facile. Si ça se trouve, sa merde il l'a tournée à Moulins.

3) Devant la série Columbo.

JEAN-LUC

– Ils sont bizarres les méchants dans *Columbo*. Au lieu de se planquer, ils la jouent copain copain avec l'inspecteur, pépère.

LOOPING

– Faut vraiment être con pour jouer au plus malin avec Columbo.

NONO (mélancolique)

– Heureusement qu'ils sont cons dans *Columbo*, sinon l'aut', avec sa patte folle et sa femme qui lui casse les bonbons, il mettrait une saison à les choper. D'toute façon on est cerné par les cons. Moi le premier.

Bien sûr que Nono, Jean-Luc et Looping n'étaient pas que haine et quolibets, bien sûr qu'il est plus facile de se souvenir des passages graveleux et orduriers, bien sûr que le « beauf » peut être aussi magnifique et qu'on est tous le beauf de quelqu'un... Mais est-ce qu'il m'est arrivé de rire ? Oui. Était-ce un bon rire ? Pas sûr. Vaut-il mieux un bon sourire qu'un mauvais rire ? Certainement. Avons-nous tout piqué à ces trois lascars ? Possible (mais on est bien une cinquantaine en France à avoir singé le Beauf, ce personnage central de la société française et pilier de l'humour hexagonal contemporain).

Pour résumer et illustrer, Nono, Jean-Luc et Looping sont, à l'époque, le Futuroscope de la vanne. Mais si ces trois-là étaient tout simplement le futur ? Tout court ? Au Jean Bart, on est une poignée à en profiter mais demain ? Si techniquement les commentaires de Nono, Jean-Luc et Looping apparaissaient à l'écran ? Si, à tout moment le téléspectateur partageait son avis, plus négatif que sympathique, plus venimeux qu'affectueux ? Si, au nom de la liberté d'expression notamment, la société l'acceptait, sans censure, sans modérateur ? Si les décideurs télé laissaient faire, conscients que ce système fidélise le chaland qui, lassé de n'être qu'un simple téléspectateur, ressent une toute-puissance inédite puisqu'il devient un acteur médiatique à part entière, écouté et considéré ? Serait-ce la fin du monde ou le début d'un autre, beaucoup plus beau ?

Eh bien oui, messieurs-dames, j'ai neuf ans, je viens de passer de justesse en CM1 et, même si je n'ai pas identifié le bon écran car pour moi, à ce moment précis, un ordinateur c'est vilain et ça ne sert à rien, j'anticipe déjà le concept du commentaire, pardon, du *comment*. Et peut-être que Nono, Jean-Luc et Looping sont les premiers *haters* de la planète, cette catégorie d'individus qui va révolutionner à tout jamais la relation peuple/médias.

Petite parenthèse, quand on regarde les profils des *haters* ou du moins de ceux qui aiment principalement commenter négativement les programmes et celles et ceux qui les incarnent, on remarque tout d'abord une volonté de garder son anonymat (volonté d'anonymat ? Fierté mesurée de ses actes ? Conseil du personnel soignant ?) On remarque aussi que, politiquement, ce sont rarement des centristes. En 2010, on ne parle pas encore de fachosphère, mais on sait que les ennemis du système et autres radicaux se ruent déjà sur la toile et vont en faire un territoire de propagande facilement accessible et diaboliquement redoutable. Un clic et on inonde les forums de ses idées, de ses *fake news* ou tout simplement de son rejet total de tout ce qui dirige ou gouverne, participant ainsi au malaise général qui arrange bien la cause contestataire. Les forums sur Yahoo.fr en sont un exemple révélateur : dans un sujet totalement neutre et inoffensif sur la gastronomie comme *Le retour de la carotte dans nos assiettes, un régal pour les papilles*, on a quand même le droit à plusieurs commentaires du type « Le retour de la carotte ? Super, vivement celui des Arabes dans leur pays ! » Fascinant ! Et quelle plume ! Inutile de vous dire que, quand on est sur Canal+, ces jeunes gens ne nous aiment pas trop et, même sans regarder ce qu'on fait, nous taxent tout de suite d'humoristes « bobos gauchos ». Au passage, autant gaucho je peux comprendre, autant je n'ai jamais compris le fait que bobo soit une insulte. Bobo c'est bourgeois bohème, donc en gros, quand t'es un bobo, t'as des sous et un patrimoine (premier bo), et à côté de ça tu aimes vivre en slip en écoutant les Doors ou le Big Bazar (second bo). Franchement, en quoi c'est une insulte ? Y a pire comme mode de vie, non ? Qui n'a pas envie de vivre comme un bobo ?? Mais revenons au sujet, et dépolitisons-le. Tous les gens qui commentent des vidéos ne sont pas tous des extrémistes aigris, autocentrés, dépressifs et assoiffés de sang, il y a aussi des belles salopes. Dans la majorité des cas, le *hater* porte un pseudonyme à base de lettres et de chiffres, voire de caractères spéciaux, représentant vaguement un prénom et un département comme Jo-Nice ou QueenMaryse62. Comme je l'ai mentionné plus haut, ils mettent rarement leur photo personnelle sur leur profil et mes études le prouvent : dans 56 % des cas, la photo de profil du *hater* est un chien. Et dans 53 % de ces cas, alors qu'on imagine un pitbull ou un rottweiler, c'est plutôt un chihuahua ou un yorkshire en illustration. Oui, une bestiole toute mignonne qui tranche du coup avec les propos féroces de son auteur. Plus curieux, dans 19 % des cas, c'est une fleur ou un bouquet, et dans 17 %, une moto. Pas étonnant en fait, une célèbre émission de radio le calmait haut et fort au siècle dernier : les routiers sont sympas. Elle ne s'appelait pas *Les Motards sont sympas*. Quant aux fleurs, c'est sympa aussi, certes, mais principalement pour les morts et les cimetières. En revanche, celles et ceux qui privilégient le compliment ou la nuance dans leurs messages arborent fréquemment un chat sur leur profil. Je suis content parce que dans la vraie vie sans wi-fi j'aime particulièrement les chats, alors que je suis plus mesuré avec les chiens, qui sont bien souvent, et les vétérinaires peuvent confirmer, des gros bâtards. Tout se recoupe finalement.

Passé cette formidable parabole animalière, on peut poursuivre sur ce passionnant sujet et poser les questions qui fâchent : faut-il absolument donner et partager son avis ?

Un smiley vaut-il vraiment mieux qu'un pouce en l'air ? Si on voit une vidéo merdique, c'est plutôt bienveillant de le souligner et de le signaler aux autres ? Et si le plus agréable dans la vie, c'était pas finalement de pisser sur les autres ? Pourquoi la démocratie ?

Loin de moi l'idée de rentrer dans un débat stérile, réducteur et tyrannique qui consisterait à s'interroger pour savoir si un con a le droit ou pas de donner son avis tranchant, alors que moi-même je le fais un jour sur deux, qu'un jour sur trois c'est filmé et que je suis même payé pour le faire. Qui suis-je pour défendre cette idée ? À part un con ? Putain, on est cernés, il avait raison, Nono.

En tout cas, début 2010, le défi technologique et sociologique est désormais opérationnel et le *comment* va changer la donne, à tout jamais, et pas qu'en bien. Car son impact sur notre travail à nous, les acrobates de la malice télé, sera réel. Et on va le payer très cher, et très très vite.

À TCHAO, BONSOIR !

« Les conneries, c'est comme les impôts, on finit toujours par les payer »

Michel Audiard (1920 - 1985)

On peut voir les choses simplement et se dire : un sketch chasse l'autre, on ne peut pas plaire à tout le monde (et c'est pas plus mal), c'est sympa d'avoir désormais les avis précis du public et, surtout, qu'est-ce qu'on en a à secouer des réseaux sociaux ! ? Mais si je suis cette doctrine, et c'est mon droit le plus strict, le chapitre suivant n'a pas grand intérêt, et toi qui me lis, tu vas amèrement regretter d'avoir acheté cet ouvrage fantastique (fantastique, le genre. Pas la qualité. On se dit tout.)

Ça me fait penser – il serait temps me direz-vous –, je me suis toujours demandé comment Desproges et Coluche, pour ne citer que ces deux champions de l'humour satirique, auraient traversé notre époque avec cette tempête joliment prénommée Internet. Eux qui semblaient si solides et téméraires face à la polémique et la critique, auraient-ils bien vécu l'indignation à outrance 2.0 ? Pierre et Michel devaient recevoir des lettres d'injures par centaines, mais comment auraient-ils réagi face à un torrent de tweets incendiaires accessibles à tous et gravés dans le marbre ? Auraient-ils réfléchi à deux fois à certaines de leurs interventions devenues cultes de peur de voir leur adresse divulguée sur la toile ? Est-ce qu'un *bad buzz* ne les aurait pas foudroyés dès le début de leur carrière ? Sauf leur respect, est-ce que dans le contexte actuel, violent et hautement inflammable, ils ne se seraient pas un peu chié dessus, ces deux couillons ?

La question est belle et la réponse encore plus, puisque nous ne saurons jamais. Tous les comiques lisent les commentaires les concernant. C'est normal, c'est humain, comme l'hôtelier qui observe les retours de ses clients sur Tripadvisor. Comme demain, sur Bridgeadvisor, où on pourra enfin défoncer son dentiste pour son incapacité chronique à nous anesthésier sans aucune douleur. Comme après-demain sur Pipeadvisor où on pourra laisser deux ou cinq étoiles à la prostituée qui… Bref, personne n'aime les mauvaises critiques et il faut être robuste moralement pour en encaisser certaines. Attention, si un plaisantin professionnel est par essence immature et inconscient, il n'est pas non plus un enfant qu'il faut victimiser. Il a fait le choix de ce métier public, de ses aléas et des critiques, aussi désagréables soient-ils. Mais l'activité est déjà précaire, dans sa durée notamment. Si en plus un élément extérieur vient mettre une couche supplémentaire dans ce tiramisu au bordel… Des lettres d'injures, le mépris de ton beau-père, soit ! Mais les commentaires empoisonnés des cas sociaux qui t'envoient en dépression, *nein* ! Le véritable souci du *comment* est là, dans l'impact et l'incidence. Ta famille qui souffre des sobriquets qu'on te donne sur le Net, ce *bad buzz* monté en épingle par une association qui pourrit ton énergie et ta dynamique, et qui peut stopper net ta carrière (voir chapitre « Le Trop Grand Journal, la suite »). Et surtout, ET ENFIN ET SURTOUT ! Ton employeur ! Grâce à un stagiaire pistonné et sous-payé, il va avoir vent de tous ces avis néfastes sur ton travail, et il va se dire quoi ? Qu'il emploie un con qui provoque peu d'audience et beaucoup d'emmerdes, alors pourquoi le garder, ce punk à chat ? Ton patron n'est pas ton ami ; il est là pour gagner de l'argent et malheureusement, en musique comme en humour, le punk n'en fait pas gagner beaucoup. Personne n'a gagné un flèche fin 1970 avec les Stooges et les MC5. Alors que la pop... Bah oui, c'est sympa, la pop. C'est fluo, c'est acidulé, c'est léger, les jeunes vont adorer ! Avec ABBA, A-ha, j'en connais qui se sont gavés ! On comprend mieux pourquoi 95 % des comiques français depuis vingt ans font des blagues sur la drague et Koh Lanta, c'est bien plus tranquille et tactique que d'aborder le terrorisme ou la montée des populismes, et si ça se trouve, c'est même plus drôle. Enfin j'écris tout ça sur le *comment* négatif et ses possibles conséquences tragiques, mais il y a pire : le commentaire sympathique et bienveillant... rédigé par un mec qui vient de rejoindre Daesh ou une cellule néo-nazie. Là, tu gardes ton boulot, tu n'avales pas de plaquette de magnésium, mais tu te poses quand même deux, trois questions sur ce que tu produis. Et le pire, c'est qu'il y a encore pire : la lecture de ces deux derniers chapitres. Ces onze minutes d'attention et de concentration que vous venez d'accorder au texte. Mais si ! Parce que ce n'est pas à cause d'un commentaire au vitriol ou d'une pétition hystérique sur Internet que le groupe a sauté, et nos familles et nos comptes bancaires avec. C'est malheureusement bien plus con que ça, et c'est peut-être ça qui est amusant au fond. Ce que vous venez de lire n'introduit en rien ce qui va suivre. Ça peut paraître déplacé, j'en suis le premier désolé. Mais autant je m'en excuse, autant je fais ce que je veux, c'est mon livre.

Petite piqûre de rappel et légère resucée, ne serait-ce qu'en vue des procès : Canal+ la grande, la belle, la rebelle, nous a toujours soutenus, involontairement ou pas, dans les années 2000. Chaîne payante avec une identité forte et une trésorerie confortable, elle savait très bien ce qu'elle faisait quand elle laissait son antenne à des gens comme nous, Gaspard Proust ou Stéphane Guillon. La direction n'oubliait pas de respecter la plus belle devise de l'histoire des médias : « Au moins, quand on est devant Canal, on est pas devant la télévision. » Donc, quel que soit le retour des *haters*, Canal s'en foutait. En plus, nous étions une petite émission qui touchait un public d'adhésion. Notre public savait à quoi s'attendre et, s'il ne rigolait pas à un sketch, il ne nous en voulait pas outre mesure. Non, la principale raison de la fin d'*Action Discrète* sous sa forme hebdomadaire et radicale, c'est qu'une internaute a révélé l'identité d'une personne piégée dans un de nos sketchs, sur la page Facebook du groupe.

Résumé : avril 2012, nous réalisons un sketch sur les parrainages des maires en vue de la présidentielle. En caméra cachée, je dois piéger un maire en me faisant passer pour un collaborateur du candidat Nicolas Miguet. Vous voyez Nicolas Miguet, cet homme avec son physique et son charisme de vendeur de fontaine à chocolat qui n'existait que tous les cinq ans (à tort ou à raison ?) sur des affiches en bord de nationales et sur lesquelles il était écrit sans démagogie et avec beaucoup de courage politique : « Les impôts, c'est pas beau. » Je dois convaincre le maire d'une petite bourgade de donner son parrainage au père Miguet en grande difficulté pour obtenir les fameuses cinq cents signatures exigées pour participer à l'élection de Mister France. Costume Celio, brushing Jacques Dessange, rendez-vous gratté au téléphone, j'arrive avec toute la panoplie : fausse carte de visite, fausse identité, feuille de promesse de parrainage à signer... et une « fille légère » à l'accent slave, une certaine Katia Ivanova interprétée par notre amie comédienne Bénédicte Dessombz (gloire à elle). Elle va jouer le bâton de dynamite ou le pétard mouillé du sketch, selon le résultat final. Direction, la Picardie ! Pour info, ça a toujours été un bon spot pour une caméra cachée, la Picardie. Les gens sont trop gentils – ou trop cons, on ne sait pas trop. Bref, on arrive sur zone et on fonce à la mairie. Dès le début, tout roule : le maire est seul dans son hacienda et il ne reconnaît pas la bande de braqueurs au nez rouge et aux idées malsaines de la chaîne cryptée. Il croit à mon identité et à ma mission, il croit à mon assistante croate, il croit que je maîtrise parfaitement le programme de mon poulain, alors que je l'ai lu deux minutes avant dans la camionnette en écoutant Supertramp, en bon professionnel que je suis. Au début, on a de la chance. On en a un peu moins quand il nous apprend que, même s'il pense lui aussi que « les impôts, c'est pas beau », il a malheureusement déjà promis son parrainage à la candidate de Lutte ouvrière. Aïe.

Mais non ! Tant mieux ! La victoire ne sera que meilleure, car il faut désormais le convaincre de revenir sur sa décision et d'offrir à Miguet son parrainage. C'est là que la divine Katia Ivanova entre dans le *game*. Alors que je multiplie les arguments pro-Miguet, Katia déboutonne de plus en plus son corsage, fait les yeux doux au maire, lui touche la main. Quand je dis au maire « Si vous voulez creuser l'étendue de notre programme et de ses charmes, Katia se fera un plaisir de vous revoir seul à seul », elle lâche un « Oui, oui ! Beaucoup ! ! » plein de progestérone slave, en tirant délicatement la langue. Donc, coco, au cas où tu n'aurais pas compris, si tu nous donnes ton parrainage, Katia sera dans ton lit ou dans tout autre endroit nuptial de ton choix dans les quarante-huit heures. Et là, ni une ni deux, le maire vacille et revient sur son parrainage. Putain, vive la France, merci, la vie ! Nous l'avons hypnotisé, ensorcelé même, enfin la Croate principalement. Je me permets même de lui dire quand il signe notre promesse de parrainage : « Signez là. Et baisez-la. » Je me tiens à peine, je manque d'éclater de rire. On sort de la mairie au pas de course, on monte dans la Kangoo, on vérifie les images et on fonce vers l'A1.

Sur le chemin du retour, c'est la fête de la saucisse, on est tous hilares et fiers de notre escapade, trop contents d'avoir prouvé qu'un homme était avant tout un pervers polymorphe comme les autres. Après la diffusion, c'est plutôt le salon du canapé convertible tant l'ambiance est étouffante. OK, le sketch a bien marché, OK, les médias en ont parlé (même l'ami Denisot, sympa), OK, il est glauque mais il est incroyable ; déjà parce que je suis dedans et j'irai même plus loin, parce que je crois que le sketch est drôle. Mais, alors qu'on a tout fait pour anonymiser le maire piégé et son lieu de travail, le sketch atterrit sur la page Facebook officielle d'Action Discrète, qui existe depuis deux ans, et là, le *comment* d'une internaute va allumer la mèche. Son message ressemble à peu de chose près à : « Eh bien, maintenant je saurai comment demander un service à M. le maire de X ». Mince. Tout le monde connaît désormais le nom du village, donc l'identité du maire alors qu'on avait comme d'habitude soigneusement planqué et flouté tout élément reconnaissable. Et la machine médiatique s'emballe : France 3 Régions vient faire un reportage et sollicite l'avis des habitants sur le comportement du maire qui est désormais la honte du village. Il se plaint auprès de la chaîne – normal –, qui veut savoir ce qui se passe, notamment le service juridique, qui nous demande si c'est bien vrai qu'on a encore abusé. Bah oui, on est partis sans prévenir. Comme d'hab ! Oui, c'est honteux, mais comment faire autrement ? Quand tu pièges un policier, un politique, un proviseur, un magasinier, un religieux, bref quelqu'un dans le cadre de son métier, de sa fonction, va lui dire après coup que c'était une blague. Que ta carte de visite, c'est une blague. Que tes revendications, c'est une blague, que ton comportement ordurier, c'est une blague, que c'est lui, la blague ! Impossible. La personne serait logiquement opposée à la diffusion ou nous dirait « Faut que je voie avec ma hiérarchie. » Dans neuf cas sur dix, on aurait une réponse négative ou trop tardive, ou les deux. Alors assurément, dans ce genre de blague, il y a des dommages collatéraux. Mais, putain, l'humour le vaut bien ! Sinon allez-y, dites-moi ce qu'on aurait dû faire ? Explorer d'autres terrains drolatiques et chenapans ? En se faisant passer par exemple pour des agents de sécurité d'un supermarché, et dès qu'on aurait vu un con avec une chemise à carreaux on lui aurait dit : « Dites donc vous, venez nous voir deux secondes. On se demandait, elle n'est pas à vous, la chemise ? Elle est à Caro ! » Ah ah ah ? Puis on aurait désamorcé la situation en rigolant avec les piégés et montré où se trouvait la caméra ? Comme dans un joyeux et sympathique « *prank* », comme disent les ados. Et ça aurait été désopilant à voir et formidable à vivre ! Ah, on aurait plu à la ménagère et aux quinze-vingt-cinq ans ; aujourd'hui on serait connus et on ferait du cinéma comme Camille Cottin et François Damiens. Mais qu'on est sots quand j'y pense ! Passons. Toujours est-il que la polémique enfle vite, et le CSA, alerté du psychodrame, convoque nos patrons – ce n'est pas la première fois. Sur place, les gendarmes du PAF, qui ne trouvent en revanche rien de scandaleux aux programmes de la chaîne NRJ12, pour situer la mentalité de ces personnes, demandent à un haut responsable de la chaîne (celui qu'on appelle « le rasta », rapport à sa chevelure et son prénom) si ça arrive souvent qu'Action Discrète ne prévienne pas les gens piégés après le tournage pour avoir leur accord de diffusion, car un maire en Picardie s'en est plaint, ainsi qu'une responsable de la prévention routière (autre sketch, autre embrouille). Le patron, présent ce jour-là, répond avec brio et sérénité que c'est extrêmement rare que les choses se déroulent ainsi, parce qu'on est vraiment des gens bien au fond et que Canal+ n'aurait jamais laissé ses bonimenteurs cagoulés faire une chose pareille. Ils adresseront quand même un avertissement à l'émission, donc à la chaîne. *Ladies and gentlemen*, le sketch de trop, le voici, le voilà. Le noyau du groupe se réunit avec Yves, qui nous annonce qu'on ne peut pas continuer dans ces conditions. Le CSA nous a vraiment dans le collimateur, mais c'est pas demain qu'Action Discrète va prévenir les gens piégés à leur insu après les tournages puisque, à coup sûr, on se ferait interdire la diffusion de 95% des séquences. La direction découvre nos « écarts » et nous annonce ouvertement qu'elle ne peut les tolérer plus longtemps. Dans la foulée, on a droit à une sacrée soufflante quand les boss inspectent notre bureau et saisissent dans une de nos planques (le double fond d'un tableau lumineux représentant Rachida Dati) tous les faux documents d'identité, dont les cartes de presse, que le groupe a fabriqués et utilisés toutes ces années. Tout aussi grave, un membre fondateur quitte Action Discrète, et c'est pas n'importe qui, c'est le Kazar. Il en a assez des caméras cachées et veut privilégier des projets solo, autour du foot notamment. C'est vrai, ce n'est pas facile de vivre en groupe pendant des années. Demandez aux Guns N'Roses et aux Témoins de Jéhovah ! Le groupe va continuer sans lui et sous une autre forme, car l'hebdo sur l'actualité et la politique, c'est officiellement terminé.

Dommage, on partait sur cinq ans avec le Parti socialiste au gouvernement, il y aurait eu de quoi faire. Ça paraît tellement improbable de voir aujourd'hui le PS aux affaires, c'était déjà une blague à ce moment-là. D'ailleurs, faut-il voir un lien entre cette nouvelle donne politique et notre mise en sommeil ? Taper sur la droite au pouvoir, c'est dans l'ADN de la chaîne, mais sur la gauche au pouvoir ? Est-ce que la direction s'est demandé si on n'était pas de trop avec les *Guignols*, *Groland* et le *Petit Journal* ? Je m'emballe, mais encore une fois je fais ce que je veux, c'est mon livre. On signe quand même deux longs formats pour l'année à venir, qui passeront en crypté. En télévision, à cette époque, quitter une émission hebdo pour un long format annuel n'est pas une victoire. Pas la peine d'avoir fait hypokhâgne pour comprendre qu'avec huit minutes par semaine en clair tu es plus présent et influent qu'avec cinquante-deux minutes un mardi à 23 h 15 en crypté, deux fois par an. C'est dommage, on avait un très bon créneau horaire depuis trois ans : le dimanche après-midi en clair vers 15 heures après le best of des *Guignols de l'info* et celui du *Petit Journal*. On arrivait chez les Français comme une bonne verveine et nos audiences se défendaient. On n'est pas virés, attention, mais bon, fini la Champion's League, bonjour la Ligue 2. Et, évidemment, aucune autre chaîne que Canal n'est prête à nous accueillir, nous ne sommes ni Patrick Sébastien ni Élise Lucet. En fait, le problème, c'est peut-être qu'on n'est pas drôles. Ou alors on l'a été mais on ne l'est plus. Je sais que comique est un métier qui ne dure pas et finit mal, mais j'espérais qu'on allait gratter trois, quatre ans de plus… Qu'est-ce que je raconte, bien sûr qu'on est drôles ! Moi le premier ! La preuve, y a six mois j'ai réussi à vendre à une maison d'édition un livre sur ma carrière, alors que je n'ai pas de carrière ! Non, franchement, en y repensant, qu'est-ce qu'il s'est réellement passé en 2012 ? Où est-ce qu'on a merdé ? Cela dit, on n'est pas étonnés, tout ça nous pendait au nez... rouge. Satanée boulangerie, enculé de rouquin, le cauchemar est sans fin.

STRATÉGIE.COM, LE BILAN

« L'humour, comme le rock n'roll, maintient dans un état d'adolescence. Mais la vraie comédie de l'homme, son dialogue avec les dieux, est trop intime pour être vendue, trop personnelle pour être partagée. »

Jonathan Cohen (1980 -)

Dans un premier temps, comme mes compères, je crois, je prends la chose avec philosophie. On a mis un peu de sous de côté (?), on a envie de choses plus légères, moins politiques, d'arrêter le format court, de privilégier des histoires plus écrites, de revenir à la scène, de réfléchir à un film, de refaire nos salles de bains... et d'être un peu moins sous pression. En même temps, je ne suis pas sûr que le dernier exemple soit le bon, car refaire sa salle de bains, c'est hyper absorbant. Surtout si tu hésites entre douche à l'italienne avec mur en galets ou pommeau encastré au plafond avec sol à effet béton ciré. Seuls les vrais savent. Cela étant dit, la fabrication d'une émission d'Action Discrète, sans la garantie que le sketch soit réussi et diffusable, imposait une tension particulière : il fallait déjà être sûrs d'entrer dans le lieu du canular, il ne fallait pas être reconnus tout le long du tournage, il fallait que la technique fonctionne, il fallait que le piégé soit expressif, on n'avait bien souvent qu'une prise et, encore plus compliqué, il fallait que nous on soit bons et crédibles. Sans compter qu'on commençait à se répéter et que, par définition, la caméra cachée est l'activité la moins pérenne du monde parce que plus t'es connu, plus t'es grillé, et moins tu pièges. Là, on explose en plein vol, comme un groupe de rock des années 1970. OK, on est moins brillants et importants que Led Zeppelin, et heureusement pour nous, il n'y aura pas de mort en route. Ou alors le CSA et les flics ne nous ont pas tout dit. Non, c'est bien, on va passer à autre chose... tranquilles... sereins.

Puis vient le second temps. Et là, je réalise qu'on a pas d'autre plan et qu'on l'a quand même un peu dans le cul. Comme dirait l'autre : qu'est-ce qu'on fait, où est-ce qu'on va ? Le théâtre de rue ? La chaîne W9 ? La Syrie ? Oh merde, c'était tellement cool d'être connus mais pas trop, de bosser toutes les semaines mais pas trop, d'être bien payés mais pas trop, mais pas mal quand même ! Où est-ce qu'on a merdé ? ! Ce ne sont pas seulement les emmerdes juridiques et les coups de fil des politiques, ce n'est pas possible, on est en France, patrie du calembour, terre du bon mot. Et si... et si... Et si c'était aussi nous, le problème ? En dehors du boulot proprement dit ? Dans notre façon de nous adresser aux médias ? Dans notre rapport aux gens du métier et à nos employeurs ? Et si le métier de pitres cathodiques demandait aussi de la stratégie et qu'en bons chimpanzés ce mot nous était totalement étranger ?

Un début de réponse émana d'un collègue comédien et humoriste. À l'époque, son one-man show faisait pas mal de bruit et il développait pour Canal un programme court dans la veine du duo comique du XXe siècle les Vamps, ces deux ménagères caricaturales et irascibles, adeptes du ragot sur les célébrités et de la gentille calomnie sur l'actualité. On ne se connaissait pas, mais un lundi à l'heure de l'apéro, en plein festival de Cannes, au Patio*, alors que ça fait bien une heure que le groupe rend hommage au plus sicilien des crooners belges en chantant *Je t'aime à l'italienne* pour l'assemblée, il me saisit par le cou près des toilettes. Interloqué, je m'empare de la pique à cocktail parasol qui orne ma tequila sunrise et la lui colle sur l'artère carotide externe, histoire de lui prouver que, si le forain c'est lui, le gitan c'est moi. Il fait un pas en arrière, s'excuse et me prend dans ses bras.

LE COLLÈGUE

– Seb, on est au Patio, y a tous les patrons, les journalistes, les producteurs, les réalisateurs, on est au cœur du réacteur ! Et vous, vous êtes bourrés au piano et vous chantez du Frédéric François ! Réveillez-vous, bordel !

MOI

– Attends, on va faire un *mashup* Sardou-Kassav, ça va déchirer.

LE COLLÈGUE

– Pff... Écoute, ici, tu peux choper en deux heures tous les professionnels du secteur. Tu mettrais six mois à les rencontrer à Paris. Profitez-en, merde. Vous avez pas une idée de scénario à proposer ou autre chose ?

* Le Patio : pavillon privé de Canal+ sur la Croisette pendant le festival du cinéma. Lieu d'influence majeure de la planète people, sorte de Forum de Davos du cinéma et de la télévision, mais aussi de la maroquinerie et des cosmétiques. Du champagne et des cocktails à gogo, des projets formidables de films et d'émissions qui ont été signés, des carrières qui ont décollé, des fêtes mémorables... C'était le festival de Canal. Franchement, merci, les abonnés ! (NdA)

Autocollants d'Action
Discrète et photo officielle
des belges sur la Croisière

Photos de gens drôles en action et de gens connus en représentation

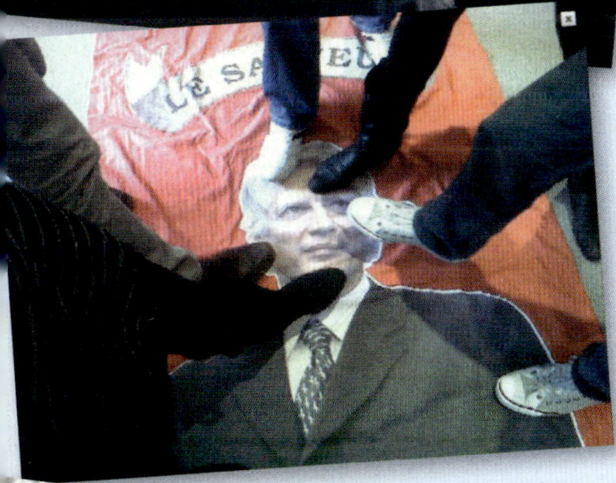

LE MOUVEMEN

Vrais badges d'accès / Fausse carte de presse

Fausses cartes de visite / Vraies blagues

la Croix

JEUDI 15 NOVEMBRE 2007 QUOTIDIEN N° 37903 1,20 € www.la-croix.com

CAHIER CENTRAL

Livres & idées

Philip Roth et le vieil homme

ÉDITORIAL

Guillaume Goubert

Un pas

Bernard Thibault a accompli un geste important en proposant mardi soir des *« cycles de négociation avec les directions d'entreprises et les représentants de l'État sur chacun des régimes spéciaux »* de retraite. Jusque-là, rejetant les grands principes de la réforme des régimes spéciaux, la CGT campait sur l'idée d'une négociation globale tandis que le gouvernement renvoyait à une négociation à l'intérieur des entreprises. À première vue, l'ouverture du secrétaire général de la CGT peut paraître modeste. Bernard Thibault n'a exprimé aucun consentement aux principes de la réforme, il exige la présence de représentants de l'État, et l'évocation de *« cycles de négociation »* peut laisser penser que le syndicat veut jouer l'usure. Cependant, il n'allait pas de soi pour le secrétaire général du syndicat en première ligne dans le conflit d'être celui qui ferait le premier geste en faveur d'une négociation. Ce faisant, Bernard Thibault a assumé le risque d'être incompris par la base cheminote, voire d'être désavoué par la puissante fédération CGT de la SNCF. Didier Le Reste, qui en est le secrétaire général, s'est d'ailleurs bien gardé d'approuver explicitement la position du leader confédéral et a lancé le mot d'ordre de reconduction de la grève pour aujourd'hui.

Le gouvernement, pour sa part, ne s'y est pas trompé : il a rapidement fait savoir qu'il allait répondre positivement à la proposition de Bernard Thibault. La tentation du tout ou rien semble ainsi être conjurée, même si le dénouement de l'affaire est évidemment encore loin d'être acquis. Chacune des parties a beaucoup à perdre au maximalisme. Pour avancer dans la voie des réformes, Nicolas Sarkozy aura besoin de partenaires sociaux forts, capables de contenir les surenchères gauchistes. Bernard Thibault sait que l'éternelle répétition des conflits sociaux dans les transports pousse à l'automatisation des réseaux (la ligne 14 à Paris fonctionne très bien ces jours-ci) et profite au transport routier, tant des voyageurs que des marchandises. Évolutions qui portent en elles-mêmes un déclin inéluctable du métier de cheminot.

125e année-ISSN/0242-6056.

Bayard

Allemagne : 1,80 €; Belgique : 1,20 €; Canada : 2,95 $; Espagne : 1,80 €; Grèce : 1,80 €; Italie : 1,80 €; Luxembourg : 1,20 €; Maroc : 14 MAD ; Portugal (Cont) : 1,80 €; Suisse : 2,70 CHF ; Côte d'Ivoire/Sénégal/Congo et zone CFA : 1200 CFA ; DOM : 1,80 € ; TOM : 270 XPF

M 00140 - 1115 - F: 1,20 €

Les syndicats marchent sur un fil

Le gouvernement accepte l'offre de négociation de la CGT. Hier, les syndicats ont pourtant annoncé la poursuite du mouvement, notamment à la SNCF P. 2 à 4

NATHALIE BARDOU/FEDEPHOTO

Gare Saint-Lazare, à Paris, hier.

ENTRETIEN

Sœur Sara : « Je ne cherche pas à être comme Sœur Emmanuelle »

P. 19

Quel avenir pour le **christianisme** *?*

Une nouvelle donne culturelle et religieuse

P. 24-25

Quand la presse ne saisit pas le canular…

Autocollants d'Action
Discrète et photo officielle
des belges sur la Croisière

Photos de gens drôles en action et de gens connus en représentation

Quand la presse parle de nous.

Et quand la maréchaussée veut nous parler...

Farandole de tracts, de faux documents et d'invitations au voyage.

MOI

– Non, et puis tu sais, nous, le cinéma… Mais on peut improviser.

LE COLLÈGUE

– Au bar, t'as le numéro 2 de Gaumont et le numéro 3 d'UGC qui boivent des coups. Pointe-toi, fais une blague sympa…

MOI

– Genre j'arrive avec un bol de cacahuètes et je leur dis : « Alors autant *Le Parrain*, ça m'a gonflé, autant *Qu'est-ce qu'on a fait au bon Dieu ?*, respect. Bravo les gars ! » ?

LE COLLÈGUE

– J'ai dit une blague « sympa », t'en es capable ?!

MOI

– Bon, faut sucer, c'est ça ?

LE COLLÈGUE

– Arrête, t'as pas douze ans ! Et puis, dans tous les boulots, c'est pareil. Tu vas les voir, tu la joues cool, t'as des envies et des projets, t'en as pas rien à foutre de tout… Y a un temps pour la déconne et un pour le bizness, enfin !

MOI

– Notre bizness, c'est la déconne, c'est compliqué !

LE COLLÈGUE

– Eux aussi, c'est leur bizness ! Mais eux, ils sont pas là pour danser des claquettes. Donc tu fais comme tout le monde, tu t'assois à une table, tu fais mine de passer un bon moment avec les gens, même quand tu seras entouré d'au moins une merde humaine et deux incompétents notoires.

MOI

– Tu trouves ça « sympa » ce que tu dis là ?

LE COLLÈGUE

– Je ne suis pas dupe. Mais je prends sur moi et j'essaye de me vendre.

MOI

– Bon, faut faire la pute, c'est ça ?

LE COLLÈGUE

– Quand t'es pas Jean Dujardin, un petit peu, ouais ! Et faut te la raconter dans les interviews aussi. J'en ai vu une de vous sur Internet, vous passez votre temps à vous autoflageller ! Arrêtez ! Défendez votre talent et faites rêver les gens ! Parce que, d'après toi, il pense quoi de toi, le patron, là, tout de suite ?

MOI (souriant)

– Que je suis un mec sympa, un enfant de Canal, qui met de l'ambiance...

LE COLLÈGUE (qui me coupe)

– ... Oui, un mec qu'est plus trop à l'antenne mais qui le vit bien, un mec qu'a pas d'ambition mais pas grave, tant qu'y a du champagne et des Minizza ! On va le garder encore six mois, et puis après il retournera faire du mime dans les rues de Montpellier, ce con, il va adorer !

MOI (ironique mais blessé)

– Tu sais que je fais très bien le monte-charge ? Bien plus dur à faire que l'ascenseur d'ailleurs.

LE COLLÈGUE (ni blessé ni ironique)

– Votre image un peu punk elle est chouette, mais elle a une durée de vie limitée. À un moment, faut évoluer. Regarde les Grolandais sur la terrasse, ils sont pas à poil en train de vomir comme dans leurs sketchs ! Ils sont assis avec les boss de Canal+ Cinéma et ils parlent de films. Ils font pas des pogos autour d'un piano ! Et c'est pas pour ça que c'est des putes.

MOI

– Et c'est pas pour ça qu'on est des punks.

LE COLLÈGUE

– Sortez un peu, au moins ! Passez au club d'Albane ce soir, y aura tout le monde et ils seront tous bourrés. Vous serez en terrain conquis.

MOI

– Oulala, pas gagné.

LE COLLÈGUE

– Quoi ? Y a un souci avec Albane ?

MOI

– Mais non, elle est adorable, sinon elle ferait pas ce métier. Mais il y a deux jours on était sur sa terrasse, et on a lancé une chenille avec le groupe IAM. Les rappeurs, on leur a rien dit, mais nous on s'est vachement fait engueuler. Du coup, elle, on l'a traitée de caissière, et sa sécurité, de magasiniers. Ils étaient chaffouins.

LE COLLÈGUE

– Vous êtes vraiment cons... Allez, courage et à plus.

MOI
– T'inquiète pas, cocotte, et n'oublie jamais : Canal, c'est nous.

Je range ma pique à cocktail parasol dans la poche de son joli costume Christian Dior et l'embrasse. Sur le moment, je vois un type bienveillant qui veut sincèrement nous aider. Le lendemain, je me dis que notre comportement est le même depuis le début et que, pour l'instant, ça s'est plutôt bien passé, on a donc rien à apprendre de ce petit paltoquet qui débute dans le cirque médiatique. On est Action Discrète, bordel ! Nous savons que notre métier demande des capacités artistiques autant que politiques. Nous ne sommes pas au salon du jonglage. De l'argent est en jeu et il faudrait être fou pour nous laisser jouer avec, c'est d'ailleurs pour cela que nous avons pris un avocat pour négocier avec la chaîne (dans le métier, un clown qui n'est pas représenté par un non-clown n'est pas crédible. Comme si les clowns n'avaient aucune conscience de leur valeur, de celle de l'argent, et pas de loyer à payer, pas de courses chez Bio c'Bon à assurer, etc. Curieux.) On a frisé la correctionnelle plus d'une fois en six ans et on doit aussi notre salut à l'intervention de collègues mieux placés dans la hiérarchie (dédicace aux auteurs de feu *Les Guignols de l'info*. Merci les copains.) Nous connaissons nos décideurs, qui viennent pour 90 % d'entre eux d'une école de commerce et pas de l'école du rire. Ils nous aiment bien, ils apprécient même une partie de notre travail, mais nous ne sommes pas naïfs, ils ne sont ni bénévoles ni nos amis et, dans leurs chiottes, ils n'ont peut-être pas de poster de Michel-Édouard Leclerc, mais sûrement pas de poster d'Achille Zavatta. Ces gens-là ne nous comprendront jamais : on a une petite émission hebdo et on est contents, on ne rêve pas de cinéma et on est contents, on n'a pas des milliards, pas même des millions et on est contents, on chante Frédéric François et on est contents ! Nous sommes des intégristes de la blague, nous tuerions père et mère pour une bonne devinette, nous représentons le haut du panier artistique comme à salade, et on sait qu'une bonne centaine de fichés S aimeraient nous avoir comme *friends* sur Facebook. Mais cette quête d'absolu a un prix et, si je devais faire une jolie allégorie, je dirais qu'il frôle allègrement celui des prix de l'immobilier à Paris. On le sait, on le sent, on n'est pas McFly et Carlito, le système ne nous fera aucun cadeau, sans parler des marques de fringues de bougies parfumées. Putain, je me la raconte, je nous la raconte même ! Inconsciemment, j'ai suivi les conseils du collègue. J'ai même été jusqu'au bout de sa logique car, dans la foulée de son lavage de cerveau à destination du mien, j'ai pris rendez-vous avec le patron pour parler sérieusement. Ça tombe bien, il voulait me voir, et j'ai pas été déçu. Parce que des patrons, faut pas croire, y en a des bien.

STRATÉGIE.COM, LE DÉPÔT DE BILAN

« La meilleure façon de tuer un artiste est sûrement de lui donner tout ce dont il a besoin. »

Henry Miller (1891 - 1980)

LE PATRON (bouleversé)

– Un courrier de l'ambassade du Mexique*, admettons, mais là, devoir mentir au CSA ? Tu te rends compte, moi qui n'ai jamais volé ne serait-ce qu'un bonbon ?

MOI (ironique)

– Bravo, patron, je te nomme responsable communication du groupe.

LE PATRON

– Tu redescends, s'il te plaît. Déjà que je suis un des seuls de la chaîne à vraiment vous soutenir, avec Yves bien sûr.

* En 2011, en pleine crise diplomatique entre la France et le Mexique au sujet de l'affaire Florence Cassez, on se pointe, déguisés en mariachis, devant l'ambassade mexicaine à Paris pour chanter une reprise de La Bamba intitulée Faut Libérer la Cassez. Nos castagnettes ont légèrement irrité l'ambassadeur.

MOI

– Y a le mec du *Journal des jeux vidéo* aussi qui nous aime bien.

LE PATRON

– Pfff... Sérieusement, vous êtes compliqués, les mecs. Les emmerdes, compliquées, certaines blagues, compliquées. Et niveau positionnement, identification, la base quoi, j'en parle même pas...

MOI

– On n'a pas été aidés non plus. On a changé d'horaire huit fois en six ans, on n'a jamais eu de promo, même en interne. On a peu de moyens, on n'est pas hyper bien payés, on...

LE PATRON (qui me coupe)

– C'est encore une caméra cachée ?

MOI

– Pardon, patron.

LE PATRON

– Regarde les autres bandes de la chaîne, c'est drôle, c'est simple, c'est cohérent : *Le Petit Journal*, c'est les bobos qui font des blagues sympas, *Groland*, c'est les vieux alcoolos qui montrent leur bite, *Bref*, c'est les jeunes qui se branlent. Mais vous, on sait pas, on vous connaît pas, on arrive pas à vous cerner.

MOI

– Tant mieux, moins on est connus, plus on continue à faire chi... à faire des caméras cachées.

LE PATRON

– Je sais ! Mais Action Discrète a six ans et, au final, vous n'existez toujours pas.

MOI

– Tu parles des audiences ? Moi, perso, au-dessus de cinq mille personnes, je trouve ça super et inespéré.

LE PATRON

– On est une chaîne de télé, pas un blog. Le souci, c'est que le téléspectateur il se pose trop de questions avec vous : vous jouez des connards ou vous êtes des connards ? Vous voulez faire rire ? Vous voulez juste foutre la merde dans les manifs ? Vous êtes des communistes ? Vous êtes des fascistes ? Une fois, c'est un canular, une autre fois, c'est un sketch, une autre encore, c'est une chanson. Le public qui regarde, il ne comprend pas et ça le soûle.

MOI

– On doit être un mix de tout ça. Mais bon, communistes, peut-être pas quand même.

LE PATRON

– Et voilà, faut que tu dises encore une connerie ! Sinon, I-Télé en a vraiment marre que vous vous fassiez passer pour eux pour vous incruster dans les meetings, alors stop, s'il te plaît, sinon...

MOI

– Sinon quoi, c'est fini, l'hebdo ? On sait, tourne pas autour du pot.

LE PATRON

– Effectivement. La saison prochaine, vous allez faire deux longs formats, ça change, c'est bien, et ce sera uniquement du crypté, pour les abonnés. Eux, ils vous aiment bien. Et pas la peine de parler politique.

MOI

– Cool, rien à foutre du gouvernement.

LE PATRON

– Et je voulais te voir parce que j'ai un truc à te proposer à toi, solo.

MOI

– Cool, rien à foutre du groupe.

LE PATRON

– Pfff… Bon, tu vas au *Grand Journal*.

MOI

– Cool, du pognon !

Je lui tape dans la main et quitte le bureau… Évidemment que l'ironie n'est pas la plus élégante des figures de style, même dans les contingences de la vie d'entreprise. Notre sort était scellé, je le savais, mais le mien ? Que devais-je dire ? Oh nan, Grand Maître du CDD, garde-nous encore quelques mois, s'il te plaît, il y a encore une pharmacie et une permanence écolo qu'on a pas niquées ? Oh nan, Seigneur du ticket-restaurant, je n'irai pas au *Grand Journal* pour faire des charades payées soixante mille balles par an ? ! Mais non, ça m'était impossible, et pas que financièrement. En tant que cadre d'Action Discrète, je n'ai pas le droit de courber l'échine, j'ai signé le pacte, la vie est une caméra cachée, et la caméra cachée c'est notre vie ! Il faut jouer, toujours jouer et ne jamais rien lâcher, dans toute situation, dans la queue du Décathlon comme dans le bureau du patron ! Du sang-froid et de l'aplomb ! Toujours !

Il n'empêche, en cette fin de saison 2011-2012, les discussions relatées plus haut ont bien plombé ce fameux aplomb. Moins fort psychologiquement que mes camarades d'AD, je me connais, j'ai du mal à faire comme si j'avais bien encaissé les conseils et autres constats de mes collègues et supérieurs. Le groupe est en sursis, ça ne sent pas très bon, on est déjà plus tout jeunes et on n'est toujours pas invités dans des émissions où il est plutôt bon signe d'apparaître, en termes de notoriété et de poids dans le métier. Y a Drucker, ça serait bien d'y passer, ou alors d'être dans celle du vendredi soir où on marche en biais sur un décor penché. Oui, ce genre de projet existe dans nos sociétés médiatiques, c'est permis… C'est d'ailleurs bien foutu puisque l'émission s'appelle *Vendredi, tout est permis*. Attention, ne vous trompez pas de jour avec le mur penché car, vous êtes prévenu, vous ne pouvez pas le faire par exemple un mardi. Bah, le mardi, ça n'est pas permis et, si vous le faites, vous risquez de passer pour un demeuré, alors que le vendredi vous passez pour un génie et en plus c'est permis. En tout cas, peu importe le positionnement, la stratégie, le réseautage, la vie continue et elle est plus belle et mystérieuse que jamais ! Pour preuve, *Action Discrète* se meurt, les patrons comme les collègues ne nous comprennent pas et se demandent ce qu'on branle, je n'ai aucun plan à côté et pourtant, au moment où je m'y attends le moins, on me propose de rejoindre une émission dont je me suis déjà fait virer et qui est devenue avec les années la plus *hype* du PAF. Ô *Grand Journal*, j'arrive, je cours, je vole, je t'aime… je tombe ?

LE TROP GRAND JOURNAL, LA SUITE

« L'homme libre ne s'embarrasse de rien, même pas de l'honneur. »

Emil Cioran (1911 - 1995)

I'm back. I'm back sur le porte-avions de la gloire, le cuirassé du star-system, le pédalo de la planète people : *Le Grand Journal*. Alors oui, le raffiot aurait besoin d'un sacré coup de pinceau, mais ça vaut le coup d'en être ; il fait encore ses deux millions de téléspectateurs en moyenne et accueille toujours le gratin international. J'y retourne en solo, comme un prince, et le roi est toujours le même, Michel Denisot. Je propose un module hebdomadaire intitulé *Les Français veulent savoir* : un pupitre, trois minutes de vannes sur l'invité du soir et une question débile à ce dernier pour clôturer le tout. Brillant, le concept, et si pour les vannes et la question débile je m'en sors à peu près, le souci se situe au niveau du résultat global. Le module hebdomadaire est noyé entre d'autres tout aussi rigolards, c'est donc compliqué de se faire remarquer, à moins que l'invité ne pète un câble, la faute au texte, ou que quelqu'un dans le public fasse un AVC faute d'avoir trop ri. Malheureusement, dans les deux cas, ça n'arrivera pas. De plus, dans un show télé, il y a des règles, et certaines sont sans pitié. Par exemple, et ça me concerne directement, il n'y pas de justice : si le public et le plateau rigolent, peu importe la qualité de la blague, c'est génial, dans le cas inverse, c'est un énorme bide. Bien sûr, Michel Denisot, bon camarade historique et toujours prêt à titiller en public les vedettes (à part Jean Dujardin, Omar Sy, Jamel Debbouze, Marion Cotillard, Guillaume Canet et une petite centaine d'autres), est hilare à chacune de mes interventions, mais je suis au fond du plateau et, visiblement, le public ne comprend pas toujours mes propos, le son de ma voix suave arrivant à peine jusqu'à ses oreilles (ou alors, plus simple, je ne suis ni drôle ni compréhensible. Et pourquoi pas ?) Mais je dois rester optimiste, bon sang ! Car il y a quelques bons moments avec des vieux de droite, comme d'hab, comme dans la vraie vie. Quand Michel Sardou se pointe et que je lui propose d'animer une soirée UMP et de penser à une chanson pour chaque ténor du parti. Il se fait un plaisir de réserver son classique *L'Autre Femme*, titre formidable sur une prostituée,... à Christine Boutin. Alain Delon aussi. Le monstre sacré sort tout juste de l'animation improbable de la soirée des Miss France, sa prestation lui valant quelques critiques assaisonnées : il a eu des mots jugés déplacés à l'encontre de certaines concourantes, et tout le monde se demande ce que foutait le mythique guépard dans cette foire aux pintades. Je prends la tangente et le flatte de bon cœur, fustigeant les planqués qui se sont moqués de lui, taclant Belmondo (un ringard à côté de lui ! Rhooo) et tous les acteurs contemporains qui n'ont pas le quart de son charisme ni de son talent avec leurs discours bien-pensants (quand ils en ont un), leurs films attendus et leurs pubs vulgaires pour des stylos ou des déo. Fidèle à son personnage, il est aux anges, d'autant qu'il n'a pas compris que je suis un des douze bouffons de l'émission. La preuve, il interrompt ma chronique et m'avoue qu'il serait honoré que je lui dédicace mon papier à la fin de l'émission (!). Je continue mon texte hommage, musique de *Rocco et ses frères* en fond sonore, et je finis par lui balancer, roulement de tambour à l'appui : « Alors, Alain, après tous ces chefs-d'œuvre, cette carrière magnifique, finalement, c'est qui la plus bonne ? Miss Poitou-Charentes ou Miss Limousin ? » Le public rigole, le plateau sourit, et lui, pensant encore que ma chronique est sérieuse, me répond stoïquement : « Oh, elle est pas mal, Miss Poitou. » On se voit après, on s'embrasse, on fait des photos, il prend mon numéro et un mois plus tard, le 25 décembre, je découvre un message sur mon téléphone quelques minutes avant de commencer le repas de Noël. C'est une voix masculine, le numéro de portable est domicilié à l'étranger, et le message dit à peu de chose près ceci :

« Cher Sébastien, j'arrive de Russie et, avant que tu ne te mettes à table en famille et qu'il soit trop tard, je voulais encore te remercier et te féliciter pour tout ce que tu as fait pour moi, pour tout ce que tu es au quotidien et te dire que je garde précieusement ce texte incroyable que tu m'as gentiment dédicacé. Je te souhaite à toi ainsi qu'à tous tes proches un joyeux Noël et de très bonnes fêtes. Voilà, c'était moi, c'était Alain Delon. »

Automatiquement, je pense à une blague du père Séraphine qui est très fort en imitation, mais lorsque je rappelle je m'aperçois que c'est vraiment Delon qui me souhaite joyeux Noël. Alleluialain ! Pour le reste, je le dis tout de suite, ces trois années de *Grand Journal* (une avec Michel Denisot, deux avec Antoine de Caunes) ont le parfum de la frustration et de l'acte manqué, sans parler du fait que l'émission perd au fil des mois de sa superbe en image comme en audience. Les plus dégueulasses d'entre vous doivent penser que ma présence n'est pas étrangère à ce déclin, les plus humanistes se contenteront d'un « pas de bol, copain ! ». Dans les deux cas, je vous conchie car, croyez-moi, je n'y suis pour rien vu que je n'y fais pas grand-chose. Le pire fut la période avec Antoine de Caunes. Pourtant, quand l'enfant du rock et icône suprême de l'esprit Canal se pointe à la présentation, je suis le premier à sabrer le mousseux. Malheureusement, Antoine n'a pas très envie de rire avec ses jeunes collègues du plateau. Je le dis principalement pour le *buzz*, je n'ai rien contre De Caunes mais je vois déjà les jolis tweets sur Internet : « Un ancien chroniqueur du *Grand Journal* balance sur De Caunes. » Mettez-vous à ma place, avec la maison d'édition, on espère un petit millier de ventes de cet ouvrage, alors si ce genre de saloperies peut aider à doubler la mise, on prend ! En même temps, je ne relève rien de scandaleux, vu qu'il a sorti un livre autobiographique il y a un an dont le titre est *Perso*, preuve qu'il assume tout seul, comme un grand. Cela dit, rétrospectivement je comprends Toinou. Perso, j'aurais viré tout le monde, même les *Guignols de l'info* que j'aurais facilement remplacés au pied levé et sans latex, vu comme j'imite parfaitement Gilbert Montagné (si, si, avec les lunettes fumées et tout, c'est à hurler de rire, et d'une modernité à couper le souffle). Toujours est-il que ça va sérieusement perturber l'ambiance générale pendant deux ans, pour parler poliment. Dommage, une bande dans une émission de bande, c'est sympa et même parfois ça dépanne grave ! Exemple, le dernier plateau du *Grand Journal* au festival de Cannes en mai 2014. Ce soir-là, le grand show télé de la chaîne cryptée dit au revoir à la Croisette après une quinzaine moyennement réussie, faut être honnête, mais heureusement sans attentat (combien de fois y ai-je pensé! Pour les terroristes qui, à l'époque menacent tout événement médiatique). Lors de la dernière, Toinou décide de saluer le public présent tous les soirs sur la Croisette… seul… sans le reste de la bande… mais à l'aide d'une musique festive et d'un canon à confettis, comme dans les années 1980. Pas de chatte, aucun serpentin ne montre le bout de sa queue, la machine s'est enrayée et, au bout de quinze secondes, le public commence à siffler et, Toinou le sait, il est en passe d'être diffusé sur MalaiseTV. Heureusement et sans imaginer en amont l'incident, avec Augustin Trapenard on s'est collés à l'autre bout du plateau et on a prévu, en secret, de répondre à ses confettis par un canon à fumée. Voyant que Toinou commence sérieusement à paniquer, on envoie la fumée sur notre animateur en chef puis sur le public. Le spectacle n'est pas dingue pour autant, mais au moins il y a une fin et tout le monde imagine devant son écran que les p'tits chroniqueurs ont malicieusement joué un vilain tour à leur animateur vedette chéri. Les producteurs me félicitent pour l'heureuse initiative ; quant à Toinou, deux minutes plus tard, il est déjà dans sa suite du Martinez. Évidemment, peu de personnes se souviennent de ce micro-événement ; quand aux autres ils n'en ont absolument rien à foutre et ils ont bien raison, mais il n'empêche, l'allégorie est belle et symbolique, et ferait rêver tous les amoureux du cirque et autres chroniques médias : un canon à confettis qui fait la grimace… une machine à fumée qui vole à son secours… un animateur vedette sauvé par ses chroniqueurs intermittents… Cela dit, si l'épisode est malheureux, il n'est rien comparé aux véritables soucis pendant les deux saisons. Le premier, et pas des moindres, c'est une grosse embrouille avec un parti extrémiste israélien en septembre 2013. Élie Semoun est invité sur le plateau et De Caunes pense à un sketch dans lequel l'humoriste se fait casser la figure. Évidemment c'est faux, mais pendant la pub on maquille l'humoriste avec de faux hématomes, et lui joue parfaitement le mec traumatisé. Dans la foulée, j'arrive avec ma chronique baptisée *Invité, je t'aime* où je fais une déclaration d'amour, un poil moqueuse, à l'invité. Je dis par exemple à Élie : « Bravo, camarade, à l'inverse de tous les *stand-uppers*, tu n'es pas tombé dans le rire facile communautariste... Tu n'as jamais fait le mec du Sentier dans sa Smart qui hurle "Aïe, aïe, aïe, nique la Palestine !" » À l'écrit ça sonne déjà bien, mais à l'image c'est carrément une symphonie. Élie rigole, le public aussi, personne ne semble choqué, bref pas de quoi fouetter un Chabat. Et pourtant si ! Une heure plus tard, l'association humanitaire très droitière Europe Israël appelle au boycott de l'émission et à ma démission. Tout simplement. Je reçois un torrent d'insultes sur ma messagerie Facebook sans parler des gens qui me qualifient de traître (bah oui, Thoen, y a forcément un hic ? Hein ?) Je le signale à Antoine de Caunes qui me dit qu'il se fait aussi insulter à cause de la fausse bagarre, mais qu'il en a vu d'autres et des plus improbables du temps de son duo avec José Garcia à *Nulle Part Ailleurs* quand il recevait des courriers de menaces d'associations de scouts ou de moustachus. Il me rassure, pour lui ça va se tasser, les gens trouveront un autre combat à la con à mener vingt-quatre heures après. Je souligne quand même qu'il y a un truc formidable qui s'appelle Internet et que les conséquences ne sont désormais plus les mêmes. J'apprends au même moment qu'Europe Israël manifeste depuis quinze jours devant le siège de la chaîne et exige le retrait de l'antenne d'un documentaire, honteux selon elle, sur le conflit israélo-palestinien. De là à imaginer que les extrémistes se servent de notre « pseudo-dérapage » pour tomber sur Canal, il n'y a qu'un pas... Plus grave, le lendemain, à 8 heures du matin, j'ai un drôle de coup de fil.

— Bonjour, Sébastien, c'est Solange, la secrétaire de Bertrand Meheut. Bertrand aimerait te parler, je te le passe.

Je n'ai jamais eu un coup de fil de Bébert, le *big boss* de Canal +, à ce jour. Pas même un SMS, pas même un MMS et encore moins un fax… Ça doit être important. Ou il me vire ou il m'invite à passer un week-end en thalasso. D'après vous ?

Bertrand

Salut, Sébastien, comment vas-tu ?

Moi

Ça va, patron, et vous ?

Bertrand

J'ai reçu un appel téléphonique d'un monsieur habitant à Los Angeles qui détient 4 % de Vivendi, notre maison mère. J'ai vérifié, il dit vrai. Ce monsieur est énervé, il veut que je te licencie suite à ton sketch au *Grand Journal*. Alors écoute, ton sketch était nul, tout ça n'est pas bien grave. Va voir les gens du CRIF qui ont envie de calmer toute cette agitation et tout va rentrer dans l'ordre. Allez, bonne journée, Sébastien.

Moi

Merci, super journée à vous aussi, patron.

Oula. Mettons les choses au clair : je suis un clown, deux ou trois cons n'ont pas compris (ou pas voulu comprendre) un de mes sketchs. J'ai à peine le tiers des points retraite et je viens d'acheter une maison en PACA. Si j'ai, sur le plan artistique, une réelle exigence et, humainement, une certaine dignité, il est hors de question que cet été le camaïeu de ma cuisine ne soit pas rénové. C'est bouillant et des potes feujs, qui hallucinent sur le *bad buzz* qui prend de l'ampleur, m'avertissent : mes détracteurs sont bornés et ne me lâcheront pas. J'appelle les gars d'Europe Israël pour leur dire tout le bien que je pense d'eux. En retour, ils me demandent de m'excuser le soir-même sur le plateau du *Grand Journal*. Je réponds que j'adore les caméras cachées mais que tout ça n'est pas possible, alors on va se détendre, arrêter de voir le mal partout et se parler chez les gars du CRIF qui ont l'air un poil plus raisonnables et nuancés. Le boss d'Europe Israël accepte. Deux jours plus tard, j'arrive seul au siège du CRIF, et les patrons du comité des fêtes m'expliquent qu'ils sont désolés de cette histoire (sympa), mais qu'ils ne peuvent pas trop me défendre parce que le boss d'Europe Israël est le cousin d'un des leurs (super sympa). Le cousin en question est présent et filme la discussion surréaliste où on voit un clown se justifier devant des militants politiques sûrs d'eux. Le lendemain, la vidéo est en ligne. Et, de plus en plus sympa, ils ont gardé seulement les moments où je m'excuse. Attention, je ne fais pas le malin sur place, mais les passages où je confesse que ce sketch stigmatise quelques *stands-uppers* et pas la communauté juive, que ce n'est pas parce qu'ils sont en colère qu'ils ont raison et que je suis un humoriste libre et pas un néonazi assoiffé de sang, ont curieusement été coupés au montage. Le mini-orage est passé, mais dans la minute c'est la fachosphère qui me tombe dessus. Les hooligans virtuels s'en donnent à cœur joie derrière leur claviers et leur pseudos ; heureusement pour moi, ces derniers sont tout doux quand je les croise (et croyez-moi, j'en ai croisé à ce moment-là, des têtes de gondole même), mais ça fait toujours un peu chier et je me serais bien passé de cette histoire, *Le Grand Journal* aussi. Ça peut me coûter ma place. La blague, je l'ai faite, c'est ce qui compte le plus, rien à secouer du service après-vente, je ne suis ni un guerrier ni un militant, je veux juste me marrer et faire marrer si possible. Je me suis déjà excusé auprès d'une esthéticienne après une caméra cachée qui a mal tourné, je peux le refaire avec n'importe qui. Et puis, je peux foirer un numéro, je dois comprendre la souffrance de l'autre, qui est sûrement de bonne foi et ne se sert pas de ma personne pour régler des comptes… On se rassure comme on peut, non ? Des vannes, j'en ai fait, j'en referai, il faut juste que j'endorme tous ces polémistes pour que la récré continue. On se rassure vraiment comme on peut, deuxième. Plus grave qu'un *bad buzz* de bac à sable aussi vite arrivé qu'oublié (on se rassure comme on peut, dernière), un phénomène émergent et un événement dramatique vont changer les règles du jeu durablement. Tout d'abord, c'est officiel, la satyre « légère » s'est dorénavant communautarisée : il faut être blanc pour rire des blancs, noir pour rire des noirs, gay pour rire des gays. Sous peine d'être automatiquement taxé de raciste et de fasciste par de fins sociologues qui pensent qu'on ne peut se moquer que des gens qui nous ressemblent, sinon c'est illégitime et pas drôle. Soit, je ne ferai plus que des blagues sur les blancs, hétéros, capricornes et fans d'anchoïade. Le second fléau est bien plus triste : la menace terroriste suite à la tuerie dans les locaux de *Charlie Hebdo* en janvier 2015. Avec Action Discrète, on en a fait des plaisanteries sur les religions, on s'est rendus en caméra cachée dans des mosquées, des synagogues, des églises et même des Sephora et ce, sans trop de soucis, mais là tout le monde réalise que cette époque est révolue. Après la perte de collègues que je ne connaissais pas mais qui étaient des modèles pour moi, même si tout ne me faisait pas rire évidemment, la fameuse expression « on ne peut plus rien dire » prend malheureusement tout son sens. On pourrait même y ajouter « on ne peut plus rien dire… parce qu'y a des trucs, si on les dit, on pourra vraiment plus rien dire, ni même respirer ». Les messages injurieux sur Internet, c'est prévu, un contrôle fiscal, ça fait partie du trip, un licenciement, ça participe à ta légende, mais une rafale de kalach c'est quand même beaucoup pour une blague de Toto. Le sentiment perpétuel d'avoir une épée de Damoclès au-dessus de la tête (ou plutôt un sabre en-dessous de la gorge et tenu par quelqu'un avec un prénom plus tropical que Damoclès) va rythmer toute la fin de saison du plateau de *Grand Journal* et ne facilite pas le lâcher-prise. Le mois de janvier spécialement, trois quarts des plateaux sont consacrés à l'attentat, l'ambiance est étouffante, on est tous sous le choc, j'ai le sentiment de marcher sur des œufs (piégés) à chaque fois que le sujet est évoqué. Et d'ailleurs, comment l'évoquer ? Que dire ? Comment en parler ? On peut faire une ch'tite blague ? Un soir, je me tâte à lancer sur un ton poétique et sur une belle musique orientale : « Ah, les Arabes, on ne peut pas vivre avec, mais on ne peut pas vivre sans »... Bah oui, mais non, et pas celle-là, enfin pas tout de suite. Quelques semaines plus tard, je me lance quand même. Je profite de la venue sur le plateau d'une star internationale, l'actrice Charlize Theron, pour rebondir sur le sujet. En pleine interview de cette dernière, je fais irruption sur le plateau - ah, tellement 90's, tellement taloche, tellement perdu d'avance... Je déclame mon admiration pour la dame et lui assure qu'en France tout le monde l'aime. Je demande alors au public de brandir des cartons sur lequel il est inscrit « Je suis Charlize ». Le moment est pas mal, la dame est touchée... Mais l'émission est enregistrée. Alors deux heures plus tard, l'équipe de Charlize demande à la production de couper le passage, la star ne veut pas être associée de près ou de loin à cet événement dramatique. Comme dit l'expression « c'est pas grave mais ça fait chier » et puis, honnêtement, à ce moment-là, on a surtout envie d'honorer la mémoire des camarades, les blagues attendront, et c'est pas plus mal. Le problème, c'est qu'à une dizaine d'exceptions près ça fait deux ans que j'attends de faire des blagues. Assurément, je fais partie de l'équipe mais toujours en troisième ligne. Je passe une fois par semaine, parfois trois, parfois pas du tout. Je change de chronique et d'horaire de passage régulièrement, quand je ne disparais pas pendant quinze jours. Je suis en plateau, j'ai trente secondes, je suis en magnéto, j'ai guère plus. Je ne trouverai jamais ma place dans *Le Grand Journal* alors qu'il y avait tant à jouer, collectivement comme personnellement. Il y aura des petites victoires quand même, lorsque je fais des magnétos façon Action Discrète dans la rue qui ont leur petit succès, ou, plus cynique, quand la production engage un nouveau venu pour devenir le trublion numéro un de l'émission. Ce dernier, plutôt sympa et dont je tairai le nom de famille vu que ce dernier a pas mal *buzzé* au début du siècle, se crashe définitivement dans un sketch avec le moine franco-tibétain Matthieu Ricard. Pourtant la séquence sentait bon, le zozo en question y incarnait un voyou des quartiers nord de Marseille qui vient défendre sa passion pour les règlements de comptes auprès du moine pacifiste. Malheureusement, ingrat comme un bouddhiste, Ricard rit jaune, et dans la foulée la production décide de se séparer du comique en qui elle voyait, 48 heures plus tôt, le futur de l'humour. Quelques jours plus tard au bureau, je croise un autre bouddhiste, le Balinais, et lui demande, avec une belle once de camaraderie, si l'éviction du comique vedette n'arrangerait pas les affaires des comiques du fond du couloir comme moi ? Il me répond très sereinement : « Ah oui, je pense que tu ne passais pas Noël sinon. Tu peux remercier ton collègue ! » La télévision est une entreprise comme les autres. Un autre artiste, en revanche, sera moins fair-play et lui, volontairement : un certain Brad Pitt. Oui, le même qui a déposé plainte contre Action Discrète un an et demi plus tôt (voir chapitre « Mes amis, notre humour, nos emmerdes »). Octobre 2014, le zozo a choisi *Le Grand Journal* pour la promotion de son film *Fury*, qui raconte les pérégrinations de trois beaufs dans un tank pendant la Seconde Guerre mondiale. Pas mal le film, ça fait penser à un remake de *La Septième Compagnie* mais avec des beaux gosses. C'est la seule télé française de l'Américain, c'est formidable pour l'émission, on prouve encore que *Le Grand Journal* est le numéro un de l'*access*. On reçoit Brad Pitt pendant que *C à vous* se paluche sur Luchini et TPMP sur Nabilla… Oh, les beaufs ! Mais en parlant de beauf, revenons-en à Brad Pitt, le bon gars qui vend aussi du café dans une pub et du rosé en cubi. Deux jours avant l'enregistrement, il s'aperçoit que je suis dans l'émission. Son sang ne fait qu'un tour et il décide d'annuler sa venue, refusant de mettre les pieds sous la même table que l'autre con qui s'est incrusté deux ans plus tôt, dans son vignoble provençal, déguisé en sa femme. *Le Grand Journal*, toujours fier et rebelle, me défend, envoie chier la vedette yankee et décide de faire à la place une émission spéciale Philippe Lellouche ! Bah non, la direction de Canal et de l'émission se confondent en excuses et implorent la star de venir se faire caresser sur le plateau, lui garantissant que je ne serai pas présent, la sécurité m'interdisant même l'accès aux chiottes du studio. OK, donc, entre Pitt et Thoen, les mecs ont choisi, admettons… Mais je préviens, faudra pas venir me chercher en pleurant dans six mois, compris ? Six mois plus tard, j'ai ma réponse quand nous descendons au festival de Cannes. Je ne sais même pas ce que j'y fais, tout juste me dit-on : « On verra sur place ! » Avant la première, réunion de rédaction : *Le Grand Journal* est critiqué pour son manque de joie en plateau, alors le mot d'ordre est « amusez-vous ! Rigolez ! » On demande de l'empathie à Jean-Michel Apathie et de l'ironie à Natacha Polony puisque, les patrons en sont tous convaincus, le rire va sauver l'émission ! Et Bibi ? Ou plutôt Toto ! Enfin moi, le farceur de l'émission, c'est ma fonction, non ? C'est moi qu'on devrait chauffer ! Nada ! On ne me parle pas, je ne sais même pas si je vais travailler pendant la quinzaine. La réunion terminée, je suis sur le point de gifler le rédacteur en chef, histoire de finir en beauté, quand la prudence, la raison et un manque de *cojones* évident me rattrapent et me conseillent plutôt de proposer un magnéto rigolo à l'aéroport de Nice, dans lequel j'accueille les stars avec ma verve décalée, mon aplomb à toute épreuve et ma modestie apparente. Le rédac chef dit banco, j'en fais trois, ça tient la route, mais Toinou a d'autres projets pour votre idole. Adieu le tarmac, bonjour le ponton du Martinez ! Toinou veut que je me positionne tous les jours sur un perchoir au-dessus de la mer, situé à une bonne cinquantaine de mètres du plateau. L'ambition comique est la suivante : Toinou pose une question à l'invité du soir et, s'il répond mal, on me pousse dans l'eau. Et vous savez la meilleure ? Il finit toujours par répondre mal et je finis toujours dans l'eau, comme une vachette dans un toro-piscine, sous les hourras du public en délire. C'est à hurler de rire et ça me met en valeur. J'imagine que la séquence va marquer à vie les téléspectateurs et les professionnels du secteur, m'ouvrant ainsi toutes les portes de la gloire... Je rentre à Paris démoralisé et dans l'incapacité, physique comme psychologique, de prendre un bain ou de monter sur un escabeau. Je ne crois plus au rôle de comique télé libre et épanoui dans ce type de programme. Si on ne vous installe pas proprement et durablement, si on ne vous fait pas confiance, vous vous noyez dans un tel barnum, vous n'êtes qu'un passe-plat entre les infos et la météo, une virgule censée empêcher les gens de zapper avant la prochaine interview prévisible, rien de plus. Le comique est interchangeable et au final, au mieux, l'émission le garde sous le coude, au pire, lui chie dessus en juin. J'ai fait trois années très moyennes et confidentielles, je suis déçu de mes prestations, j'en suis le premier fautif alors que j'espérais que l'émission et moi avec nous allions casser la baraque, pour nous, pour Canal, pour le bonheur des Français. Je ne serai pas au *Grand Journal* en septembre qui continue avec Toinou et une nouvelle équipe géniale, la décision est prise d'un commun accord avec le Balinais – enfin plus par le Balinais que par moi ! Mais j'y ai cru sur le moment ! Eh, il est bon quand même, l'asticot.. Fin juin, je confesse tout ce bordel à un boss de la chaîne qui m'aime bien et qui, en retour, me confie que de toute façon je n'ai rien à regretter vu que l'émission ne passera pas l'été, *Le Grand Journal* d'Antoine de Caunes, c'est terminé. Il me demande gentiment de ne pas en parler car, du stagiaire au chroniqueur star, personne n'est au courant. Je retourne au bureau, silencieux et amorphe, ce qui intrigue l'ensemble de la rédaction. Les gens se demandent où est passé le clown de l'open space ? Le gai luron de la machine à café ? Le type si jovial, si rigolo, si candide (si con aussi ? Merci), qui jouait constamment au mec bourré, ironisant sur son propre licenciement à venir ? Mais je ne dis rien, j'ai juré... Et puis, ça changerait quoi ? À part déprimer des petits jeunes qui ont tout donné pendant deux ans et qui sont en train de réserver leur billet de train pour l'île de Ré, des rêves plein la tête d'un nouveau CDD ? Je me dégoûte, l'humour télé me dégoûte, le présentateur télé me dégoûte, le contrat télé me dégoûte, le chauffeur de plateau télé me dégoûte, la choucroute de la mer me dégoûte (enfin ça, ça fait un moment). Heureusement, Canal, ma mère, ma patrie, *my* Canal ! ne me lâche pas, et le même boss me rappelle quelques jours plus tard pour m'offrir une nouvelle fois de l'espoir, de l'espace et un revenu, en me proposant un nouveau voyage vers une contrée merveilleuse et féerique : le fabuleux pays d'attrape-fion !

LE 7e HARD

« Ce n'est pas parce que les femmes vous trouvent touchant que vous avez le droit de les toucher. »

Nicolas Hulot (1955 -)

Les émissions mythiques de la télévision se comptent sur les doigts de la main : *Strip-tease*, *Motus*, *Pas de pitié pour les croissants* et *Fort Boyard*. *L'Amour est dans le pré* et autres *Anges de la téléréalité* ont eu la peau de la première. La deuxième ne s'est jamais remise du départ de Thierry Beccaro (et des mots de dix lettres à trouver, il faut l'avouer). La troisième a été enterrée par les dialogues et la direction d'acteurs de la bande à Fifi. La quatrième survit grâce à la beauté incandescente des marcels d'Olivier Minne. Mais, il y a cinq doigts et je n'en ai cité que quatre. Donc il en manque un, enfin une. Et un jour un patron de Canal+ décide de me l'offrir.

UN PATRON

– On n'en a jamais parlé, mais t'as des enfants ?

MOI

– Non.

UN PATRON

– Ta femme t'aime et elle a de l'humour ?

MOI

– Oui.

UN PATRON

– Ta mère a Canal ?

MOI

– Non.

UN PATRON

– OK, j'ai un truc à te proposer. Ça te dirait de présenter le *Journal du hard* ?

MOI

– Ah oui ! Et je pourrai faire des blagues sur Daesh et la drogue ?

UN PATRON

– Ta fonction consistant globalement à lancer des gangbangs... je pense qu'effectivement tu peux te lâcher.

MOI

– Super, un style con... et sensuel... mais pas consensuel... Merci, patron.

Eh oui, le *Journal du hard*, cinquième élément et pas des moindres. On me donne les rênes de l'émission cul et culte de Canal+. Quel honneur ! Quelle joie ! Et quel plateau ! Il est sobre et même pimpant : fond noir et lumières tamisées sur trois lettres géantes, les initiales JDH. Rien à dire, comme pour le cinéma qu'il défend, il envoie la sauce. J'ai quatre à cinq plateaux à ambiancer qui me permettent d'introduire des séquences ludiques et variées telles que le Pornculture (toute l'actualité du cinéma X) ou encore le Hot Top (les meilleures scènes du web sélectionnées pour ce coquin d'abonné). Liberté totale éditoriale, encore une fois, je me fais plaisir en écrivant des lancements emplis de lyrisme et de poésie, le tout soutenu par des musiques de mon choix (pauvre Dean Martin, s'il savait le nombre de bukkakés que ses chansons ont catapultés). C'est mon émission mensuelle à moi, elle fait une vingtaine de minutes et, malgré ce cycle particulier de l'humanité où n'importe qui peut accéder à du cochon en deux clics, elle touche encore près de deux cent mille téléspectateurs. Au départ, tout roule, la fabrication me prend peu de temps, je m'amuse beaucoup, et la dimension éthique du projet ne m'empêche pas de dormir vu que j'ai réussi à faire croire à mon cercle familial qu'il s'agissait en fait du *Journal du hard... rock*. Personne n'est dupe, mais comme je ne suis pas acteur porno, mais seulement présentateur du porno, tout le monde est content. Moralement, je le vis bien aussi puisque le X, comme je le côtoie, est un monde agréable, ce que me confirment les actrices X quand je les interviewe. Ces filles sympathiques et ouvertes, intellectuellement j'entends, me confient que si leur activité n'est pas toujours facile à assumer elles s'épanouissent globalement dans ce qu'elles font. Libres et libérées, elles viennent du libertinage et sont déjà d'authentiques chefs d'entreprise qui visent à terme le web (encore lui !), un marché plus excitant et plus flexible où elles pourront vendre leurs charmes de façon plus autonome et rémunératrice, sans la mainmise des grandes boîtes de production (avec qui elles s'entendent bien cependant). Et quand je leur demande à la fin si elles sont « Fabrice Luchini ou le cuni ? » ou encore « levrette ou coquillettes ? », elles se prêtent malicieusement au jeu. Non, vraiment, c'est chouette le *JDH*, ça se passe très bien avec Flab Prod qui produit l'émission et débloque même un budget pour que je réalise des magnétos en extérieur afin de transposer mon humour iconoclaste dans des lieux qui le sont bien plus. Je me retrouve par exemple à la soirée Demonia, l'événement annuel majeur du milieu fétichiste français et européen. Il est hors de question pour le *JDH* de rater cela. C'est le Faust, discothèque géante en dessous des Invalides à Paris, qui accueille les fanas de la dépravation. Dans la queue, de l'événement j'entends, la population est souriante et bigarrée : des jeunes, des vieux, des petits, des grands, des gros attendent sagement leur ticket pour le temple de la luxure. Passé l'accueil, tout ce joli petit monde va se changer au vestiaire. En sortant, on dirait que le carnaval de Dunkerque a absorbé le salon du cuir et l'ensemble de la baie du cap d'Agde en même temps. Toute la populace a son costume festif et improbable, mais on parvient à déceler l'âge et le statut des fêtards grâce à leur panoplie et les accessoires qui vont avec. Pour les « apprentis », les jeunes : tenue de soubrette ou académique noir, fouet et bâillon bouche ouverte. Pour les « confirmés », les quadras : harnais thoracique, laisse et godemiché de toutes tailles. Pour les « diplômés », les plus de cinquante ans : casque à pointe, costume camisole ou d'animal. Toute la nuit, les amoureux du bondage et les passionnés du cordage vont danser sur de la techno hardcore et vaquer à leurs jeux de société favoris. Je me balade et interviewe tour à tour des femmes dominatrices qui giflent joyeusement des hommes soumis et attachés dans des cages, un fétichiste avec un masque de Fantômas entièrement recouvert de latex qui se fait lécher le crâne, ainsi qu'un couple SM tenu en laisse par la maîtresse de monsieur (attention, d'après leurs dires, c'est madame, enfin l'officielle, qui apprécie le plus cette sympathique carriole humaine). Il y a aussi des gens « normaux » comme ce sexagénaire attaché à une croix de Saint-André, qui tourne sur elle-même, pendant que le petit chenapan essaie de pénétrer tout ce qui passe à sa hauteur, à l'aide de son gode museau. Clou du spectacle, ce couple qui, sous un magnifique costume de cheval, crée un attroupement naturel d'adeptes en extase qui se battent pour poser leur bouche sur les sabots de la bête sauvage, sous les hennissements d'une sublime licorne qui, sur le côté, ne perd rien pour attendre. Bref, quand on pense à tous les beaufs qui regardent *The Voice* ou qui jouent au *Cluedo* au même moment, on se dit que certains savent quand même bien profiter de la vie. J'essaie de traverser cela avec beaucoup de recul et d'humilité, mais ce n'est pas simple. Heureusement rien n'interfère dans ma vie privée, même si un soir je reviens au domicile conjugal avec un costume de chevreuil, en vue des longues soirées d'hiver, mais ce sera le seul achat. Et même si j'ai conscience que ce programme connaît peu de promotion et permet seulement de bifurquer professionnellement vers l'animation du stand charcuterie du Salon de l'érotisme, je suis ravi du show, comme le téléspectateur, comme la direction. D'aucuns diront que c'est une jolie prison dorée... pardon, une cage dorée, comme à la soirée Demonia ! L'ambition et le propos global du projet collent néanmoins avec ma vision de ce métier, si on peut appeler ça un métier... Mais c'était trop beau pour durer. Un soir, je bois un verre avec un copain, un bon vivant, catholique dans le public et polygame dans le privé. La discussion commence sous les meilleurs auspices, entre deux gorgées de mauresques, trois discussions sur le football et quatre contrepèteries salaces... Mais cet homme, que je prenais pour un ami sincère avec une bonne mentalité, aborde à la tombée de la nuit un sujet qui ne m'avait pas perturbé jusqu'à présent, et m'avait à peine effleuré l'esprit même.

Le bon copain

Je suis trop fier de toi, tu dois t'éclater, j'aimerais tellement avoir ton job…

MOI
– Ça va ! J'ai deux tournages par mois, principalement en plateau, je passe la Compagnie créole, je fais deux vannes et je lance un sujet. En termes d'ambiance, on est plus dans *Camping* que dans *Eyes Wide Shut*.

LE BON COPAIN
– Oh l'autre ! ? Le mec, il est au Parc Astérix du Fion et il va me dire qu'il préférait être dans un bureau à la con comme moi, à vendre du vent. Cela dit, je fais le malin mais je pourrais pas faire ce taf, y a un truc que je supporterais pas.

MOI
– C'est quoi ?

LE BON COPAIN (à voix basse)
– Le rapport au public ! Imagine le moustachu qui prend son pied sur un gangbang et, d'un coup, tu déboules avec tes calembours, il doit se dire : « Oh merde, v'là l'autre con qui présente ! » et te détester pendant des jours ! Et tous les pervers polymorphes qui s'astiquent le chichi en regardant la jolie petite Croate qu'avale des concombres… Ils sont en train de venir mais le reportage se termine. À ce moment-là, qui est à l'écran ? Toi, mon cochon ! Sur quoi ils envoient la purée ? Sur l'écran ! Et donc sur ta tronche. Ça te rend pas fou, sérieux ?

Je me lève et quitte la table sans dire un mot. Dégoûté et désenchanté, il faut l'avouer : il m'a démonté (ironie du sort, c'est le titre d'un film que j'ai annoncé à la même époque). En bon copain, il essaie bien de me retenir, mais en vain. Bien sûr, je connais le fond et la forme du programme, je me doute de la personnalité et des hobbies de nombreux téléspectateurs, je sais que je suis là pour mettre un peu de swing et de rigolade, mais là je réalise que – fermez vos oreilles et ouvrez vos chakras – je suis quelque part l'incubateur d'une gigantesque manufacture à foutre. Et ce n'est rien comparé à ce qui va me tomber, encore, sur le coin de la figure trois semaines après... La machine à introspection est lancée et va tout emporter sur son passage. Rien à voir et pourtant, à cette époque, je pense que le sketch, au sens large, est en fin de vie. Je veux dire qu'il sera difficile de sortir quelque chose d'original, de singulier et de jamais vu, sachant que l'essentiel des situations comiques a été joué et rejoué, et que toutes les formes de burlesque et d'absurde ont été développées. Il est principalement possible de faire du comique de répétition, au sens négatif du terme. C'est aussi pour cela que la caméra cachée me plaisait tant, car c'était un terrain plus vierge que la fiction, avec plein de choses à creuser et à découvrir même. En cela, *Action Discrète* était la forme idéale, car rien ne nous empêchait de faire également des chansons, des doublages et des fictions en plus. Une séquence du *JDH* va achever de me convaincre. On m'envoie un mardi sur le tournage X interviewer un jeune réalisateur. Le bougre est un novice, c'est un petit génie qui vient du clip et de la pub, et une boîte de production en place l'a sélectionné pour réaliser son premier porno dans le cadre d'une opération « Toute première fois ». Le tournage a lieu au Cupidon, célèbre club libertin du quartier de l'Opéra à Paris. Au rez-de-chaussée le bar, au sous-sol la salle de jeu avec lit en forme de cœur et l'un des premiers murs à trous de la capitale. Le Cupi, c'est un parc Walibi Schtroumpf pour adultes et là-bas, croyez-moi, la Schtroumpfette est pas farouche. J'arrive en plein milieu d'une prise, c'est le cas de le dire, et l'ambiance est spéciale. Apparemment, le réalisateur n'est pas à l'aise pour donner certaines indications de jeu aux comédiens. On peut le comprendre, aucun être humain n'est serein face à une érection de trente-deux centimètres (c'est le calibre de l'acteur du jour). L'assistant réal propose de s'y coller. Il s'appelle Denis. La cinquantaine, expérimenté, il a plus de cent cinquante films à son actif, il sait comment parler aux funambules du coït. Le moment est particulier, ils doivent tourner des plans de coupe. On est donc sur une scène sans son, dans laquelle le chef opérateur, celui qui tient la caméra, va effectuer les plans annexes et zoomer à sa convenance (on réglera ce « démontage » au montage. Rhoo). Le couple star, Mike et Olivia, s'invite alors sur le canapé en cuir rouge en forme de bouche, le même que chez Drucker mais en plus jovial et sincère. Le duo se concentre : Olivia met des fessées à son partenaire pour se détendre pendant que ce dernier se caresse pour maintenir sa pression. Le chef op, du prénom de Jean-Marie, attend les recommandations. Devant le moniteur qui retransmet ce que filme la caméra, Denis est debout, une main sur le genou, l'autre dans la poche de son bermuda en jean. C'est désormais son film, sa vie, son œuvre. Le chef d'orchestre est à la baguette et cette dernière se rapproche plus d'un pain de campagne… L'odyssée peut commencer.

DENIS

– OK, Olivia à genoux devant Mike, s'il te plaît... OK, JM, on va y aller si t'es prêt... et... action ! Allez, Olivia, suce, suce, suce, suce... Gros plan pénis sur la bouche. Allez, Olivia, suce, suce, on alterne, gland, verge, gland, verge, gland, verge. Zoom sur le gland, JM, il brille comme un diamant, la lumière est top, je veux du gland, gland, gland encore, gland, gland. Allez, Olivia, suce, suce, gland, gland... Ça va, Olivia, t'as encore du souffle ? Ça roule, Mike, t'as encore un peu de matière ?

MIKE

– Tranquille, tranquille.

DENIS

– On lâche rien, allez, Olivia, t'es sa princesse, maintenant tu suces les boules ! Allez, boules, boules, boules, allez, Olivia, boules, boules, boules, alterne boule droite, boule gauche ! JM, zoome sur les boules et dézoome sur les lèvres d'Olivia et on y retourne ! Allez, boules, boules, boules, allez, Olivia, branle, branle, branle ! Gros plan sur les doigts d'Olivia avec la bague de mariée, ça fonctionne bien. Allez, Olivia ! On donne tout et on branle, branle, branle, branle et en même temps on suce, suce, suce, boule, boule, gland, boule, gland, boule. Mike ?

MIKE

– Tranquille, tranquille, mais je vais pas tarder là.

DENIS

– OK, on a ce qu'il faut, coupez ! On passe à l'éjac faciale en plan fixe.

C'est terminé. Personne ne rebondit sur ce qui vient de se passer et toute l'équipe va se mettre en place pour la scène suivante. Le réalisateur prend sur lui, mais il sait que la journée sera longue pendant que Denis et JM, assis sur le côté, échangent des commentaires d'ordre technique comme sur n'importe quel tournage de film classique. De mon côté, ce n'est pas la même limonade… Quelque chose a changé, la vie a changé. Depuis Guy Marchand dans *Les Sous-doués en vacances*, je n'ai pas vu une prestation comique de la sorte chez un acteur. Denis n'a pas fléchi, il n'a jamais douté, son flux de paroles était ahurissant, son visage impassible mais habité, et son champ lexical de toute beauté. Et le plus fou, c'est que Denis n'est pas un acteur, il ne joue pas, ou alors si, mais son propre rôle dans sa propre vie. L'artiste ultime, quoi. Et le sketch ultime par-dessus le marché. Ce type vient de faire un des trucs les plus drôles que j'ai jamais vu, alors qu'il est tout sauf comique. Toute la scène est incroyable ! La logorrhée de Denis, le reste de l'équipe qui trouve ça normal, Mike qui répond calmement pendant l'acte… Ce n'est pas seulement la réalité qui dépasse la fiction, ce serait trop facile, c'est la normalité qui dépasse l'humour. Le souci, c'est qu'il est 16 heures ce mardi et que, dans l'indifférence générale, c'est officiel : le sketch est mort. Et l'assassin, c'est Denis. Les questions m'envahissent : à quoi ça sert d'écrire des sketchs, en fait ? Pourquoi chercher des idées de situation, d'enjeu puisqu'il suffit de passer deux heures avec Denis sur un tournage ? Je n'avais pas besoin de ça, déjà que je me fais un peu enfiler au *Grand Journal*, incapable de trouver la bonne formule, voilà que le porno me fait une leçon de création et d'innovation. Alors si je résume, le show télé ? Précaire et frustrant. La caméra cachée ? Sans avenir et culpabilisant. Le cinéma X ? Démoniaque et déprimant. Dans ces conditions, il reste quoi ?… Eh bien, le cinéma ! Le vrai ! Cher 7e art, chère exception culturelle française, chers Franck Dubosc et autre François Ozon, j'arrive...

LA CROISIÈRE S'ENLISE

> ***« Qui aime la jeunesse, aime la mer. »***
>
> Tennessee Williams (1911 - 1983)

L'aventure cinématographique commence tout d'abord avec le groupe, car c'est la trajectoire des bandes comiques de Canal+ « normalement » : quelques saisons de gags hebdomadaires ou quotidiens avec des perruques, un talent reconnu et une notoriété acquise auprès du public et des médias, puis au revoir la télé et son rythme effréné de sketchs, et bonjour le ciné et ses grands moyens pour du grand spectacle avec de plus jolies perruques. C'est ce qui s'est passé pour les Nuls, les Robins des Bois, Kad et Olivier, notamment, et des plus drôles. Et puis, il y a nous. Non pas que de voir nos ganaches sur grand écran ne nous intéressait pas, mais l'occasion s'est rarement présentée et, de notre côté, nous ne l'avons pas vraiment provoquée. Individuellement même, je n'ai rien fait pour exciter la chapelle de la pellicule : je n'ai jamais eu d'agent, je n'ai jamais couru les castings et je ne sais même pas si je suis comédien. Ça commence bien. Si on ajoute que je déteste me faire maquiller, attendre des plombes pour tourner une scène (le principe du cinéma), qu'il y a maximum deux comédies par an auxquelles j'ai envie de participer, et que jouer et écrire mes projets solo et en groupe à la télévision suffit à mon bonheur, on comprend vite mon manque d'intérêt pour le cinéma français... qui me le rend bien ! Au hasard de quelques conversations avec des professionnels du secteur, j'apprends que mon image est relativement figée, pour les quelques-uns qui m'identifient. J'ai beau participer à des sketchs classiques, des chansons, des émissions en plateau et des caméras cachées spécifiques au groupe (où, contrairement aux autres qui pratiquent l'exercice, on « interprète » des rôles assez différents chaque semaine), nous sommes avec mes camarades, au mieux « les mecs qui font les cons dans les manifs », au pire « les mecs qui foutent la merde dans la rue », mais en aucun cas des acteurs ou des comédiens. Personnellement, cette étiquette ne m'a jamais choqué, et force est de reconnaître qu'on ne l'a pas volé. Bah alors, pourquoi je vous fais chier avec cette histoire ? Je sais, mais il faut bien meubler le bouquin, et puis c'est sûr, un film, c'est un bel objet, ça sort en DVD, y a des avant-premières près de la mer, t'as ta fiche sur Allociné et ça change de tous ces sketchs télé éphémères sur le PS ou l'UMP. En tout cas, vu notre image, les dés sont relativement jetés : si on arrive à vendre un film, ce sera certainement une grosse caméra cachée, pas une fiction. Ça tombe bien, en 2007, on réalise le premier film entièrement en caméra cachée (car oui, chers Français(e) s, vous devez le savoir, les autres vous mentent, dans leur prétendu film canular, y a toujours au moins deux ou trois scènes de pipeautées. Le piégé, c'est vous.) Sous l'impulsion de Thomas, toujours locomotive du collectif, on apprend qu'un événement improbable a lieu en avril, sur un bateau magnifique au nom prédestiné, le *Symphonia*. Ce dernier va naviguer vers Malte et l'Italie avec à son bord un trésor : Frédéric François. Oui, Frédo, le Frank Sinatra belge ! Le chanteur convie ses plus grands fans pour un périple de six jours entre visites touristiques, virées au casino flottant et concerts de l'idole. La vache, une aventure internationale, des destinations exotiques chargées d'Histoire, de l'archéologie (musicale), des cascades (devant les buffets à volonté) et au milieu une relique sacrée (Frédo). On est dans un *Indiana Jones* sauce variétoche et troisième âge, c'est formidable ! Notre butin en or, notre Saint-Graal est tout trouvé : voler la vedette au crooner italo-belge ! La voilà la trame du scénario : pirater la croisière façon Action Discrète en devenant les véritables stars du bateau (en espérant que tout marche). Chacun a son personnage et sa mission qui correspondent aux traits et au caractère du chanteur de charme : Pierre est Fred Franck, chanteur sensible et plus grand fan de Frédéric François, accompagné de sa muse à la guitare, Patruche. Julien est le chéri de ces dames, beau parleur et play-boy irrésistible. Et Thomas et moi jouons les Belges ! En gros, des bons vivants souriants et rigolards avec un bel accent et des mèches blondes. L'objectif global est à la fois concret et abstrait. Suffit que Pierre finisse par partager un duo avec son idole, que Julien soit à deux doigts de torpiller une retraitée et que Thomas et moi on fasse marrer les plaisanciers, et on considérera que le piratage a réussi. Et ça marche ! C'est facile, les fans du Frédo sont sympas, ils ont le rire facile, ils croient tout ce qu'on leur dit et Pierre est magistral sur scène. À quelques heures du retour, on décide dans la boîte de nuit du bateau de brancher les fils de Frédéric François, ses agents, pour savoir s'ils ont grillé notre manège et s'ils sont bons clients de ce genre de « projet » car on sait que, sans l'accord du chanteur et de ses proches, on ne pourra jamais exploiter les images au cinéma, et même difficilement à la télé. C'est Thomas qui entame la discussion avec les fistons et, Dieu sait pourquoi, les rejetons de Frédo pètent un câble quand ils découvrent que ces cinq cons sont une seule et même bande d'usurpateurs. Ils cassent une de nos caméras, molestent Pierre dans un couloir et nous traquent dans nos chambres pour récupérer les images. On a de la chance, dans l'équipe on a le plus sémillant des sexagénaires, notre ingénieur du son, Michel. Nos néo-ennemis ne l'ont pas identifié comme membre du *crew*, et anticipant les embrouilles, c'est lui qui a gardé tout le temps le matos. La nuit est chaotique, le staff de Frédéric François et l'équipage nous menacent en nous disant que si on ne lâche pas les images c'est la prison qui nous attend en débarquant à Nice. On calme le jeu, on a juste filmé nos vacances et, jusqu'à preuve du contraire, il n'y a pas encore de film. Le lendemain matin, tout le bateau est au courant, mais la grande majorité des passagers ne nous en veut pas : ils ont chanté avec Pierre, rigolé avec les cousins belges et halluciné avec Julien ; on a même amené de l'ambiance sur le bateau (certains étaient persuadés qu'on faisait partie de l'équipe d'animation officielle). C'était de la moquerie mais bienveillante et mille fois plus « sympathique » que ce qu'on produit à la télévision. Pourtant la traque n'en finit pas puisque quelques fans en colère nous suivent jusque dans les rues de Nice, espérant braquer notre matériel et les images qui vont avec. Nous rentrons à la maison et, quelques jours plus tard, à 9 heures du matin, on sonne à ma porte. C'est un avocat, chauve et taciturne, qui me demande si je suis bien Sébastien Thoen, si j'étais bien sur le *Symphonia* entre le 2 et le 8 avril et si j'y ai filmé des choses dont le concert de Francesco Barracato, *aka* Frédéric François. Je réponds par l'affirmative et il me rétorque : « Alors, signez là, vous êtes assigné en justice pour violation de la propriété intellectuelle d'un artiste. » Je rigole et je signe. Nous essaierons de sortir la chose à l'arrache, mais Frédo est furieux et ses avocats ne lâchent rien. On propose même au chanteur de charme de tourner une intro avec nous, comme s'il était au courant depuis le début de la supercherie. Mais son entourage est formel et nous sort une phrase digne d'un Scorsese : « On ne plaisante pas avec l'âme d'un Sicilien. » On est dégoûtés parce que franchement *Cabine*

1005 (c'est son titre) a de la gueule, et Cyril T. a vraiment assuré à la réal et au montage. À coup sûr, le film aurait eu son petit succès. On décide de le mettre en mode clandé sur le Net ; un producteur ciné en place me contacte et me dit qu'il adore le film et qu'il aimerait développer avec nous un projet du même type. Ce jeune homme, je le connais depuis un petit moment puisqu'il arrive qu'aux Invalides, le dimanche, on tâte le cuir (on se calme, je parle de football, pas de la soirée Demonia, voir chapitre « Le 7ème hard »). Un mec très chevelu mais très sympa, appelons le Théo. On se voit à l'époque près de ses bureaux avec le groupe et on discute.

THÉO

– J'ai appelé Seb parce que j'ai une idée, et qui va faire plaisir à mes potes en plus.

LE GROUPE

– C'est quoi le rapport avec tes potes ?

THÉO

– Mes potes sont fans de vous, ils arrêtent pas de me traquer en me disant : qu'est-ce que tu fous avec la bande à Guillaume Canet ? Taffe avec Action Discrète !

LE GROUPE

– Sont sympas tes potes, mais vaut mieux bosser avec Canet qu'avec nous ? ! On dit ça, c'est pour ta crédibilité comme pour ton compte en banque.

THÉO

– C'est pour ça que je travaille avec Guillaume... et bientôt avec vous.

LE GROUPE

– Bien, on t'écoute.

THÉO

– J'ai adoré *Cabine 1005*. J'ai cru comprendre qu'il n'y a pas de sortie ciné prévue, mais il y en a une au moins sur Canal+ ?

LE GROUPE

– Eh bien non. Quand on voit *les Guignols* ou des documentaires de la chaîne, on devine que Canal n'a pas peur des politiques ou des entreprises du CAC 40, mais face à Frédéric François Canal reste pantois. Que veux-tu...

THÉO

– Vous n'avez pas l'accord de Frédéric François pour diffuser ?

LE GROUPE

– Non. On l'a piégé, le chanteur, il est ronchon. Et sa tête et ses chansons c'est quand même 50 % du film. Du coup, pas de ciné et même pas de diff télé.

THÉO

– Mais c'est normal ! Vous pouvez pas piéger un mec connu dans un film sans son aval au départ.

LE GROUPE

– Si on le prévient, y a plus de piège, coco.

THÉO

– On peut contourner le problème ! J'ai la solution pour votre prochain long où vous allez piéger encore un chanteur. Mais cette fois une star, une vraie.

LE GROUPE

– Genre le plus grand zoukeur blanc ? Philippe Lavil ?

THÉO

– Non. Genre Johnny Hallyday.

LE GROUPE

– Il fait des croisières, Johnny ?

THÉO

– On s'en fout du bateau, on va chez lui.

LE GROUPE

– Mais comment on entre chez lui ? T'as son adresse et son Digicode ?

THÉO

– C'est pas un souci, il est au courant, lui, et il joue le jeu ! C'est son entourage, les petites mains, ses fans qu'on piège... C'est globalement comme dans *Cabine 1005*, sauf que là c'est avec une *big star* et, à la fin, on est sûrs de le sortir au ciné.

LE GROUPE

– ....

On ne répond rien et on lui indique qu'on va réfléchir à sa proposition. Mais, quelques minutes plus tard, un rapide tour de table entre nous donne le la : personne ne croit à son projet. Attention, ce n'est pas une question de morale ou d'éthique. Même si nous n'avons jamais truqué une caméra cachée et qu'il n'y a que l'argent qui nous intéresse, on se voit mal développer et assumer un truc *fake* avec la vedette du film dans la combine. Comment savoir si cette vedette ne va pas vouloir tout gérer et prévenir ses proches du gag pour éviter les moments trop gênants ? Et si, au final, ce n'est pas nous qui allons être piégés ? Pas simple, pas envie. On a été cons, on ne l'a jamais rappelé le Théo, et je crois savoir qu'il ne l'a pas très bien pris (et il a mal encaissé certaines de nos blagues alors qu'il était sérieux et bienveillant à notre égard. Encore un de nos grands coups stratégiques.) Je n'ai aucune nouvelle de lui, j'espère qu'il a rebondi. Mais cet épisode n'est rien, comparé à mon projet perso que je tente de porter à l'écran en 2015. J'y crois dur comme fer, je suis comme tous les Français, un enfant des frères Lumière et d'Yves Robert. Et ça tombe bien, Canal+ est le bienfaiteur numéro un du 7e art national ! Alors, avec mon joli petit CV interne, j'ai bien le droit à un coup de pouce de la direction, comme dans toutes les boîtes. Regardez, j'ai un pote qui bosse chez Darty, eh bien, dès que son enseigne fait une remise sur les grille-pain, il y a accès en priorité et la veille de la mise en rayon, ah oui, oui, oui, je vous le certifie. Allez, si mon idée de long métrage sent pas trop mauvais, on peut imaginer que ça pourrait commencer à sentir bon, hein ? Non ?

VA TE FAIRE FOOT

« Tout cela finira fort bien ou fort mal, mais fort. »

Guy Debord (1931 - 1994)

J'ai depuis longtemps l'idée d'un film d'aventures sur les ultras du football, ses supporters prêts à tout pour suivre leur équipe avec leur folklore haut en couleur et leurs codes internes aussi fascinants que pathétiques. Je ne suis rien dans le cinéma mais je suis motivé comme jamais, j'y crois vraiment tant le sujet n'a jamais été abordé. Je mets toutes les chances de mon côté : le film s'appelle sobrement *Ultras*, c'est une comédie originale et pas chère, le football est le sport roi à Canal+ (et sa vache à lait !) et j'ai mes entrées dans ce milieu – Kazar cartonne dans l'humour footballistique et je trouve un producteur sympathique et chevronné qui y croit. J'écris le scénario dans mon coin en espérant jouer dedans et j'y ajoute un casting très Canal, des gens que j'apprécie et qui sont tentés par l'aventure : Action Discrète, des jeunes talents pleins d'avenir comme Baptiste Lecaplain, Jonathan Cohen, le Palmashow et... Jean Rochefort. Oui, l'irascible colonel Toulouse, l'inoubliable Étienne Dorsay. Jean Rochefort, mesdames, messieurs, ni plus ni moins. Je rêve qu'il soit le narrateur du film, comme dans le dessin animé *Winnie l'Ourson* de mon enfance. Je pense à lui dès le départ, sans savoir que j'aurai la chance de croiser sa route. Heureux hasard, au

Grand Journal, la stagiaire très sympa qui m'assiste et m'aide lors de certains tournages dans la rue m'apprend que son père aime bien ce qu'on fait. Je lui dis de le remercier et lui demande son prénom. Elle me répond qu'il s'appelle Jean et qu'il est comédien. Je réplique : « Ah bon, mais comédien de quoi ? » « De films » qu'elle me dit. « Super, mais des films connus ? » lui rétorqué-je. « Il tourne moins qu'avant, mais il est encore un peu en place, c'est Jean Rochefort. » « Quoi ??! m'exclamé-je. Mais fallait me le dire avant. » Moi qui lui adressais à peine la parole jusqu'à cette révélation, je décide alors de l'inviter à déjeuner tous les jours et insiste pour qu'elle arrête de me vouvoyer et de porter mes affaires, mes cafés et mon shit pendant les tournages. Elle s'aperçoit du manège mais ne m'en veut pas. Elle porte bien son nom, Clémence. Tentant le tout pour le tout, j'évoque mon scénario et lui demande si elle peut le transmettre à son père. Il y a un rôle pour lui et je serais infiniment joyeux que ça le branche. Elle accepte et passe le manuscrit à son papa. Quelques semaines plus tard, je me retrouve chez Jean. Il est là, souriant et détendu, en peignoir blanc devant son immense statue de cheval en bronze. Je passe un moment incroyable : Jean Rochefort qui me parle sérieusement et attentivement de mon scénar et qui m'appelle « Sébastien l'audace » ! Si on m'avait dit ça un jour ! Je pourrais presque m'arrêter là, rien à secouer du film. On parle de tout et de rien, on rigole, je lui pose mille et une questions sur ses films et sa carrière, c'est évidemment passionnant. En retour, il me dit de ne pas attendre grand-chose de bien des gens de ce métier mais, surtout, il m'encourage et me donne les meilleurs des conseils : « Crois en toi, amuse-toi… et prévois toujours un an d'impôts d'avance sur ton compte. » On parle aussi du projet, il aime bien l'histoire et le décorum, et me promet qu'il en sera, si le financement s'opère. Voilà une bonne nouvelle ! Il aime sincèrement *Ultras*, il ne veut pas seulement soutenir un premier film puisqu'il n'hésite pas à me signaler que je devrais réécrire des passages car il trouve par exemple les personnages trop gentils, et il aimerait que l'histoire parte un peu plus en vrille. Il est chaud, le Jeannot, et ses conseils sont les bienvenus. Dans le fond, il a raison, sauf qu'à ce moment-là, dans mon esprit, je m'efforce d'être prudent. Oui, j'essaie d'être stratégique pour une fois. Les enjeux autour d'un long métrage sont tellement nombreux, et je n'aurai pas cinquante rendez-vous avec les financiers du ciné, il faut marquer des points tout de suite. Même si le rêve se réalise, ce ne sera que le début des inquiétudes car, c'est certain, un film ça coûte cher, et celui-là jouera sa vie sur deux jours, dans peu de salles et noyé au milieu d'une vingtaine d'autres propositions bien plus excitantes pour le public. Je pense ainsi qu'il vaut mieux présenter une comédie plus *feel good* que punk pour rassurer les décideurs. Si j'arrive avec une comédie trop *trash*, sans l'aspect « familial et grand public » si cher à ces enfoirés, ça posera évidemment un problème. Il n'y a pas vraiment de place pour la nuance et le huitième degré, il faut que le spectateur s'évade et imagine qu'en dehors de la sienne la vie est super belle, que toute situation, aussi dramatique soit-elle, finit toujours par s'arranger et ce, sans violence ou sans crédit chez Sofinco. Tout le monde sait que le premier film doit être arrangeant et pas trop risqué, tu feras vraiment ce que tu veux au deuxième. En amont, j'ai parlé du projet à un des boss. Je veux toujours faire de l'antenne, contrairement aux autres qui se barrent très vite dans le cinéma... mais j'aimerais beaucoup faire un film, comme tous les autres ! Je lui ai ouvertement réclamé un coup de main (bah oui, ça sert à quoi sinon un boss ?). Ce coup de pouce plutôt, le voilà, il a demandé au responsable du ciné de la chaîne, qui débloque les financements pour les films, de lire mon scénario rapidement et de me recevoir dans la foulée.

J'étais obligé de passer par là, sinon ils auraient mis six mois minimum à lire mon script, mais cette démarche est forcément à double tranchant : ou je tombe sur un employé qui ne veut pas d'emmerdes, et là, tout est possible. Ou je tombe sur un employé qui m'emmerde, et là... tout est possible aussi mais dans l'autre sens. Ai-je besoin de vous préciser sur lequel des deux je suis tombé ? Il a lu mon scénario et on s'est vus dans son bureau rigolo. Je dis « rigolo » parce que, vous l'avez remarqué, primo j'aime bien ce mot, secundo, je n'ai pas tant de vocabulaire que ça, et terzio, parce que le bureau est minuscule. Je ne peux pas croire qu'il reçoive Dany Boon ou Costa-Gavras dans ce cagibi. Ou alors c'est le grand bureau pour les réponses positives et celui-là pour les réponses opposées ? Et pourquoi les murs sont-ils recouverts d'affiches de « petits films» qui n'ont pas beaucoup marché ? C'est pour annoncer la couleur ? Il va nous dire banco mais nous filer seulement vingt euros pour le faire, parce qu'il devine qu'il y aura peu d'entrées, donc pas de retour sur investissement ? Il va dézinguer mon scénario puis nous découper en petits morceaux ? La tension est à son comble, on se croirait dans un mix des séries *Dix pour cent* et *Stranger Things*. Alors quand on s'assoit avec Jean, mon camarade producteur, face à ce génie de la lampe du cinéma français qui va décider de notre avenir radieux ou pas, on sait bien qu'on va vivre un grand moment (je n'ai pas pensé à ma cravate caméra, dommage, je le sens, ça aurait été une belle séquence pour AD). Je me suis renseigné sur lui. Selon mes sources, c'est plutôt un mec bien et franc du collier, ce qui est déjà énorme dans ce métier. Mais apparemment, comme la plupart de ses collègues, ses goûts en termes d'humour laissent à désirer. Cool, comme moi ! On va forcément s'entendre ! Plus délicat, il a ce paradoxe propre aux gens de sa caste professionnelle : il finance les films des Chevaliers du Fiel mais, dans les dîners, il chie sur ce type de long métrage et se targue d'être l'artisan des films d'auteur qui ont trois T dans *Télérama* et qui font autant d'entrées. *Bizness is bizness*, vous me direz ! Et sa position de financier numéro un du cinéma hexagonal qui doit rentabiliser ses choix, tout en défendant une exception culturelle, ne doit pas être évidente à porter, sans parler des trois cents projets qu'il refuse tous les ans. Malheureusement, ça matche rarement entre ce type de personne et moi. Qui est le plus con des deux ? Pas évident. Pour moi, l'état d'esprit est le suivant : il va falloir défendre notre bifteck, montrer les dents, mais aussi écouter et encaisser, dans la mesure où, on le sait, on est pas en territoire conquis et on aura pas deux rendez-vous. Le bougre a une tête de Français moyen, appelons-le donc Dupont. Il est accompagné de son assistant qui ne dira rien de la réunion et qui a une bonne tête d'infographiste, appelons-le par conséquent Nicolas. Ils ont tous les deux l'air plutôt sympas. Pas hyper à l'aise mais sympas. Tout le contraire de moi. Et ça part très vite en Chupa Chups.

DUPONT

– Bon, j'ai lu le scénario... bon...

MOI

– Tu veux dire qu'il est bon ?

DUPONT

– Il y a du talent, c'est sûr, on te connaît... Mais j'ai un souci avec certaines blagues trop *trash*.

MOI

– Crois-moi, bientôt ce sera la guerre dehors, le *trash* c'est ce que veulent les Français, donc t'inquiète pas.

DUPONT

– Non, mais page 43, j'ai un souci.

MOI

– Si c'est qu'une page sur cent douze, ça va.

DUPONT

– Non, mais cette page 43 là, vraiment… Et puis il y a la page 72. Autant y a des blagues qui passent sur Canal, autant au ciné, c'est pas possible.

On rigole avec mon producteur. Même Jean, pourtant plus pragmatique, mature et expérimenté, a du mal à se retenir. C'est pas forcément malin de notre part, mais personne ne manie ses émotions à la baguette, à part dans le cadre d'une caméra cachée. Dans la seconde, je décide de réagir. Devinant que ça sent déjà le pâté, je pars sur une stratégie de crise radicale dont le proverbe serait : « La meilleure défense, c'est l'attaque ! » C'est un pari, mais c'est ce qui me semble le plus adéquat à ce moment précis.

MOI

– Écoute, amigo, j'ai pas quatorze ans, je suis pas un youtubeur, OK ? On est deux soldats de la chaîne, on a tous envie que ça se passe bien. Ne bloque pas sur les pages 43 et 72, je vais les réécrire ou tu les réécriras si tu veux, puisque toi visiblement tu *sais* ce qu'il faut faire. J'ai Jean Rochefort et un super casting, le sujet est original, alors parle-moi plutôt de l'histoire, des scènes, du ton… Avançons, non ?

DUPONT

– C'est pas seulement ces deux pages qui m'ennuient. Je n'ai pas beaucoup ri dans l'ensemble, et ça pose problème pour une comédie.

JEAN (qui tempère en bon producteur)

– C'est vrai que l'humour de Sébastien est acide et que l'univers des supporters aussi, mais justement on mise sur ces particularités pour vendre un projet singulier, accessible et original… très Canal… et pas cher.

DUPONT

– Je vois, je vois… Mais page 88 aussi, j'ai rarement lu une blague qui va aussi loin et…

MOI (qui le coupe)

– Et en gros, toi t'es le mec pas drôle qui dit à un mec drôle ce qui est drôle ?

DUPONT

– Excuse-moi ?

MOI

– T'as fait une école de commerce, comme tous tes collègues ?

DUPONT

– Oui, mais c'est quoi le rapport ?

MOI

– On t'a appris quoi là-bas ? À ne pas t'entourer de génies qui pourraient te prendre ta place, à ne pas prendre trop de risques pour ne pas te faire allumer pendant les conseils d'administration… mais aussi à soutenir un peu tes collègues ? Alors que tu tiennes à ton CDI dans le music-hall et que tu veuilles pas être muté chez Häagen-Dazs, je le comprends, je le conçois. Mais tu n'es pas un clown, alors ne me dis pas à moi ce qui est drôle et ce qui l'est pas. Merci. Le scénario, on peut toujours l'améliorer, donc parlons du sujet et du fric. Le film a comme toile de fond le football et ses supporters et va coûter deux millions max. T'en dis quoi ?

DUPONT

– On a fait une étude et, à part les lecteurs du magazine *So Foot* et les fans d'*Action Discrète*, on n'envisage pas un grand nombre d'entrées.

MOI

– Tu vois, ça c'est moche. Mais ça s'entend.

DUPONT

– Sébastien, faut que tu te rendes compte du marché, les gens qui vont au cinéma voir des comédies sont principalement des enfants ou des personnes âgées.

MOI

– D'où tous ces films familiaux avec des grands-parents sympas ou odieux et des enfants sympas ou teigneux ?

DUPONT

– Si tu veux, oui. La comédie pour trentenaires un peu bobos, comme la tienne, c'est plus pour de la télé. Pour qu'elle marche en salle, faut être connu et en place, et désolé, tu l'es pas. Nous, on est sympas, on te lit, on te reçoit, c'est ton premier script, tu arrives sans un distributeur qui te soutient*, tu voudrais qu'on te donne des millions, tu nous parles pas très bien et...

* NDLA : Gaumont ou UGC. (NdA)

MOI
– Eh bien, tu sais quoi, t'as raison et je vais même plus vous parler du tout.

Je me lève et quitte le bureau. Ce n'est pas très jojo mais je n'ai pas le choix, je comprends que je ne vais rien tirer de positif de ce rendez-vous. Si je reste, je sais exactement ce qui va se passer : Dupont trouve des qualités mais surtout d'autres défauts à mon script, puis il m'endort en douceur en me disant qu'il adore Action Discrète. En bon saltimbanque autocentré, je savoure le compliment et baisse naturellement la garde ; il en profite alors pour reprendre son petit air désolé et m'expliquer à nouveau que c'est toujours difficile de refuser le scénario de quelqu'un de talentueux et que le contexte est compliqué pour les premières comédies ambitieuses et relativement barrées. Enfin, il achève toute volonté de rébellion en m'encouragent à écrire un autre scénario qu'il sera ravi de (ne pas) lire dans huit mois. Je suis sûr qu'il est même capable de me faire la bise (ou pire, une blague) en me raccompagnant jusqu'à l'ascenseur. En soignant ma sortie, je garde la tête haute et lui montre que son avis et son statut je m'en fous. De facto, je suscite de la méfiance à son égard (et ils ne sont pas nombreux dans le milieu à se comporter de la sorte avec lui), il va cogiter, gamberger et se demander ce que je lui réserve ensuite, quel est mon poids réel dans la chaîne. Est-ce qu'il n'a pas intérêt à me dire oui, plutôt que de se prendre une soufflante de son N+1 ? Est-ce que sa trottinette électrique ne va pas brûler dans le parking ? Etc. Bref, tout cela peut devenir intéressant pour votre narrateur et ses rêves d'oscar. Eh oui, oncle Vince, j'ai bien retenu ta leçon : « Dans une entreprise, la terreur fait bouger les gens », comme tu l'as si bien mentionné lors d'un comité d'entreprise en 2015 (dixit le site *Arrêt sur images*). Car, si le bonhomme est puissant de par son pote, Dupont n'est pas non plus un parrain. Il y a bien quatre, cinq individus à Canal qui peuvent remettre en cause ses décisions et exiger qu'il revoie immédiatement sa copie. L'asticot n'aura d'autre choix que d'obtempérer, sinon il pourrait se retrouver plus vite que prévu chez Häagen-Dazs (marque que je respecte néanmoins énormément, leur glace vanille macadamia est un modèle du genre). Il suffit que j'arrive à convaincre une de ces personnes, en l'occurrence les patrons de la chaîne, de l'évidence de mon projet. Quand on lit les biographies de réalisateurs, d'Oliver Stone à Claude Chabrol, on apprend que le cinéma c'est bien souvent une histoire de « braquage », même pour des gens de talent (alors imaginez pour moi). Quand une banque résiste, on en attaque une autre ! Ça tombe à pic, dix jours plus tard, il y a une soirée de lancement d'un site Internet américain dont Canal+ est partenaire. Je me suis renseigné, il y aura un boss qui me respecte, j'en serai donc également. J'ai perdu une bataille, mais pas la guerre.

POUR CINQUANTE BRIQUES, T'AS PLUS RIEN

« J'ai menti, mais c'était de bonne foi. »

Bernard Tapie (1943 - 2021)

Il est 20 heures ce soir de fête, je suis assis sur ma Vespa près du palais de Tokyo (Tokyo ? À Paris, y a un palais de Tokyo ? Mais rassurez-moi, à Tokyo, y a un palais de Melun ? Non ! Eh bien, on est vraiment des cons, les Français ! Et après, on nous demande de voter utile ? ! Pfff.) Excusez-moi, une voix de tête qui se traduit à l'écrit. Je reprends le fil de la soirée : il est 20 heures, je suis assis sur ma Vespa, je bois une canette de Coca et regarde la Seine, l'air concentré, tout en rêvant secrètement de calanques et de rosé. Dans dix minutes je serai à la réception et il faudra être bon, alors que je ne sais toujours pas ce que je vais bien pouvoir faire pour inverser la tendance. Trop tard, j'aviserai sur place. Sept minutes après, je suis sur zone et je me mets en chasse. La fête est très agréable : le lieu est sympa, le site web semble intéressant, la musique est bonne, les boissons sont multiples et c'est blindé de fils de putes (des gars de la rive droite avec leur look d'assistant réal : barbe de trois semaines, T-shirt estampillé « cool », tatouage sur l'avant-bras, casquette américaine, gestuelle prolétaire mais sourire bourgeois). Je tombe très vite sur le boss et malgré les trois animateurs, les deux producteurs et la journaliste web qui lui tournent autour, en jouant un peu des coudes, je parviens à ramener deux coupes de champagne et à engager la conversation. Je ne sais toujours pas ce que je vais lui dire, ni ce qu'on lui a dit. Je décide de continuer dans la lancée du rendez-vous avec Dupont. En moins énervé, c'est quand même un vrai patron là, mais en tout aussi déterminé et sûr de moi, alors que c'est tout l'inverse intérieurement. Je comprends très vite qu'il est au courant du grabuge avec Monsieur Cinéma.

LE BOSS

– Alors le hooligan de Canal, comment il va ?

MOI (RIRE FAUSSEMENT SEREIN)

– Toi, t'as eu Dupont ?

LE BOSS

– Oui, et il n'a pas compris ta réaction. Il était ravi de te rencontrer et...

MOI

– Patron, excuse-moi, mais j'ai quinze ans de caméra cachée, je connais un peu l'humanité. Je sais quand quelqu'un est ravi de me rencontrer. Le Dupont, je le soûlais déjà en poussant la porte de son bureau. Et ce cancrelat qui se permet de me dire ce qui est drôle et ce qui ne l'est pas.

LE BOSS

– Il voulait t'aider, te conseiller.

MOI

– Il voulait me niquer surtout, sinon j'aurais pas pété un plomb ! Entre collègues de la chaîne, c'est pas cool ce qu'il a fait. Je lui demandais pas des millions, juste de la considération.

LE BOSS

– C'est pas ce qu'il m'a dit.

MOI

– Tu crois qui ? L'enfant de Canal ou l'enfant d'HEC ?

LE BOSS

– Arrête avec ton délire de persécution. Bois un coup, passe à autre chose. *Move on* !

Bon, c'est pas gagné, mais au moins il ne défend pas complètement son N-3 et je sais qu'il m'aime bien. Faudrait juste que je trouve un bon argument. Je cherche, je cherche mais je ne trouve pas, l'histoire est toute chaude je peux encore la retourner à mon avantage, mais je panique, je remue ma coupe de champ, ce qui n'a aucun sens en soi. Je dois frapper fort et juste, en engageant la chaîne dans le *process* du film, en tant que projet 100 % Canal : le football est un sport Canal, les acteurs, c'est une bande Canal, l'humour, c'est du Canal. L'idéal serait de vendre un développement (la chaîne s'implique en payant la réécriture du scénario et, si la nouvelle version lui plaît, elle produit et distribue le film). Et puis, en deux secondes, tout se décante. J'aperçois au loin un ancien duo de comiques de la chaîne : Éric et Quentin. Tout juste partis de la 4 pour suivre Yann Barthès à TF1, ils ont le vent en poupe et sont en train de monter leur premier film. Et surtout un ancien de Canal, le rasta, (voir chapitre « À tchao, bonsoir ! ») est désormais le boss à TF1, joie du mercato télé et des tournantes du système médiatique. Tout le monde sait qu'il a une furieuse envie de faire chier Canal par tous les moyens, le contexte est parfait. L'attaque de la dilligence peut commencer.

MOI

– Tu vois Éric et Quentin là-bas ?

LE BOSS

– Ah oui. Super.

MOI (je leur fais un signe de la main qu'ils n'ont même pas remarqué mais, dans la pénombre, le chef n'y voit que du feu)

– Figure-toi que eux ils adorent mon script, ils veulent en être et ils ont convaincu TF1 de me financer un développement.

LE BOSS

– Ah bon ??

MOI

– Demande au rasta si tu me crois pas ? Tu te rends compte, ma maison me rejette pendant que l'ennemi me tend la main. Tu te doutes que mon scénar est pas totalement pourri ! C'est sur le foot avec que de l'humour Canal, franchement, qu'est-ce qu'on a à perdre ? ! Vous mettez des sous dans des projets plus hasardeux, non ? On aurait pu signer un développement, perfectionner le script et voir ce qu'il se passe. C'est quand même con.

LE BOSS

– ....

Le boss est un vrai boss. Quand il ne dit rien, c'est qu'il réfléchit. Et là, il ne dit rien, tout en enchaînant regards dans ma direction et regards vers la salle. Moi, je fais mine de ne pas y prêter attention, comme si j'avais lancé cette info comme ça, sans rien attendre en retour. J'espère aussi qu'Éric et Quentin ne vont pas se pointer et niquer involontairement mon mytho, vu qu'ils ne sont au courant de rien. Je bois quelques gorgées, je bouge un peu la tête au rythme de la chanson qui passe, mais je ne souris pas, je ne fais pas non plus la gueule, c'est un véritable numéro d'acrobate. Je le sais, je dois rester à la fois présent et détaché, aérien et concentré, serein et troublé, c'est une performance d'acteur digne d'André Dussollier ou d'Alessandra Sublet. Si on ajoute que je crois à peine à mon stratagème, je peux dire que le moment est particulier mais, trop tard, la pêche au gros a commencé, l'hameçon est lancé, attendons de voir la réaction du cétacé. Il ne se passe rien pendant vingt secondes, puis soudain la canne à pêche se met à bouger.

> **LE BOSS**
>
> – Ils te proposent combien, TF1, pour un développement ?
>
> **MOI (SEC)**
>
> – Cinquante mille.
>
> **LE BOSS**
>
> – Ne les rappelle pas. Je m'en occupe. Dans la semaine, tu vois Jean-Didier de StudioCanal.

Je remercie le boss et quitte la réception, le cœur léger, avec le sentiment du devoir accompli et l'impression que Jean-Didier est finalement le plus joli prénom du monde. Je suis dans le même état psychologique qu'après un *happening* d'Action Discrète. Je m'explique : c'est toujours agréable d'assurer sa partition dans un sketch classique, de tenir son rôle et son texte pendant les différentes prises… mais franchement rien ne vaut la sensation qu'on éprouve après une caméra cachée réussie. Le côté *one shot* et sans filet, l'adrénaline avant, pendant et après. Et ce soir, c'est peut être ma meilleure caméra cachée, sans caméra ! J'ai piégé le patron ! Ça va, on est copains, c'est pas son argent, le projet est chouette et j'ai braqué ma propre chaîne, donc ma propre banque, et avec un pistolet à eau ! Ou plutôt à champagne. Et sans arme, ni haine et ni violence, comme l'écrivit « Amigo » sur les murs de la Société Générale durant le casse de Nice en 1976. Quelques jours plus tard, ça se concrétise, je signe le contrat de développement avec StudioCanal, la boîte de distribution de Canal+, dans lequel je m'engage, moyennant cinquante mille euros, à réécrire un script carré et original avec l'aide d'un auteur qualifié (soyons honnêtes, j'en avais besoin). J'appelle Rochefort, je lui raconte l'épisode, il rigole. Je suis revigoré, je me remets au taf avec un bon auteur, validé par Canal, qui a déjà pondu des scripts de qualité et un programme court générationnel qui a cartonné quelques années plus tôt. Il n'y connaît rien en football et encore moins en supporters, c'est justement l'intérêt de notre collaboration, car son recul et sa perception du phénomène ne peuvent être que bénéfiques pour le scénar. Notre binôme fonctionne, j'écris et lui m'aiguille sur la dramaturgie de l'histoire et ce qui lui semble le plus pertinent dans les aventures de ces pieds nickelés des tribunes… le tout chapeauté par un sbire de Dupont qui, vous l'imaginez, est ravi de me revoir, et Jean-Didier qui se demande quand même pourquoi il récupère le Colissimo piégé. Peu importe, ils ont d'autres problèmes avec les cent trente projets qu'ils soutiennent chaque année que le petit film du Thoen. En bon politicien, j'envoie même un courriel à Dupont pour m'excuser de m'être un peu « emballé » lors de notre rendez-vous, et je flatte Jean-Didier dès que je le croise à la machine à café (il avait raison Ardisson, sucer c'est tromper !). En résumé, ça part bien, ça sent bon les copains... Mais vous connaissez le vieux proverbe chinois : « La vie c'est sympa mais c'est pas un Pixar », on m'apprend six mois plus tard que le projet est intéressant mais classé sans suite. Pas étonnant, je me doute depuis le début que le patron a fait un geste pour me faire plaisir (et me calmer), mais que tout cela était sans avenir. Dans cette histoire, il y a une justice : le crime ne paie pas. Et une injustice : mon rire ne paie plus. Et alors ? Rien à foutre du cinéma !! Tout le monde en fait, ça n'a plus aucun sens ! C'est peut-être bon signe que rien n'ait abouti ? À quoi ressemblent dix comédies françaises sur onze ? Un téléfilm familial formaté avec des gentils pauvres à l'accent régional et des méchants riches à l'accent parisien ! Une pâle copie de *Y a-t-il un pilote dans l'avion ?* ou de *Sacré Graal !* des Monty Python ! C'est pas un peu vrai ? Bah oui, c'est pas complètement faux ! Non, mais si ! Oh hé ! Hé ho ! Et alors quoi ? Tu la sens l'aigreur ou pas ? Mais peu importe, un jour, je le sais, le cinéma reviendra à moi, et à genoux ! Et je ne ferai pas un film comme tous les gens de base, oh non ! On fera un film sur moi, ma vie, mon œuvre ! La classe, la marque des grands ! Et, croyez-le ou pas, Jean-Paul Rouve et Marina Foïs se battront pour m'interpréter, moi... Mais pour l'instant il faut payer le loyer et le pass Navigo, il faut donc revenir fort à la télé. Malgré notre présence relative à l'antenne, il y a de quoi être optimistes pour les mois à venir car, sur la chaîne rebelle, il y a un nouveau DRH, et attention, c'est pas le fondateur de Saint-Maclou ou de Leonidas... Non, messieurs-dames, c'est Vincent Bolloré.

BOLLORÉ, UN NOUVEL ESPOIR

« Ce n'est pas parce qu'on a un trou de balle qu'on mérite la médaille militaire. »

José Artur (1927 - 2015)

12 novembre 2015, malgré ma triste expérience cinématographique, j'arrive tout sourire devant la salle de spectacle de l'Olympia car *tonight is the night* : Vincent Bolloré, tout nouveau patron de notre chaîne adorée, a donné rendez-vous à tout Canal+. Et le séminaire a de la gueule ! Une scène mythique, du champagne, du tarama et un *big boss* venu du papier à rouler des cigarettes qui font rire et des containers d'Afrique, qui nous promet un seul en scène de gala d'une heure et demie dont l'unique objectif est le suivant : rassurer les salariés de la chaîne numéro 4. Or tout le monde en a un petit peu besoin car, depuis l'arrivée de Vince, il faut reconnaître que c'est un peu le bordel dans l'organigramme. Exit les rebelles communistes comme l'équipe du *Zapping* et les auteurs historiques des *Guignols* accusés (?) de s'être trop moqués du nouveau patron. Exit aussi la moitié de la direction, qui était sans doute un peu rebelle, mais pas trop communiste, soyez-en sûrs.

Si on ajoute que M. Bolloré, malgré sa ferveur catholique totalement sincère, n'a pas la réputation d'être un enfant de chœur dans le bizness, forcément depuis trois mois dans les couloirs de Canal l'ambiance est loin d'être tropicale, personne n'ayant super envie de zouker.

Les animateurs, les réalisateurs, les comédiens, les auteurs, les rédacteurs, les journalistes, les humoristes, les reporters, les ingénieurs du son... bref, tous les saltimbanques et autres baladins de la chaîne irrévérencieuse et décalée craignent pour leur métier et leur liberté. Et une bonne trentaine, pour le crédit de leur maison au cap Ferret.

Je n'ai pas encore croisé le bonhomme, mais j'ai paradoxalement des échos plus favorables : il y a une semaine, il aurait dit, le même jour, à un commentateur sportif, à une responsable du cinéma et au chef cuistot qui gère les grillades à la cantoche qu'ils étaient tous les trois des génies. Quelques heures plus tard, il aurait juré au gardien du parking qu'il avait toujours aimé et désiré Canal+ même si, pendant dix ans, il avait essayé d'acheter TF1 (il l'avoue, il était timide à l'époque, le rêve était trop beau et trop grand). Et la veille il aurait avoué au gardien du parking deux-roues qu'il comptait bien faire perdurer l'esprit de la chaîne, investir dans les programmes et limiter à mort les licenciements.

De mon côté, comme celui du groupe, la position est claire : entre l'ancienne direction et nous, c'était pas l'amour fou, les projets nous concernant n'abondaient pas, alors ce petit mouvement de chaises musicales, ou plutôt commerciales, pourrait nous être salvateur. Si on élève un peu le débat, la situation n'est pas révolutionnaire : il y a juste un chef breton qu'a remplacé un autre chef breton à la DRH. C'est dingue d'ailleurs tous ces Bretons qui sont des grands patrons. Quand je regarde un doc sur la Bretagne sur le service public, les autochtones ont plutôt des têtes et des charismes d'agents immobiliers, au mieux de pharmaciens, mais pas de grands capitaines d'industrie. Passé cette analyse sociologique de premier plan, il faut reconnaître qu'à ce moment précis, chez Action Discrète, on a plutôt la banane, le vent est peut-être en train de tourner, et il pourrait y avoir un peu de soleil sur l'antenne pour des seconds couteaux comme nous.

Alors, quand le spectacle commence et que le music-hall reprend enfin ses droits, on retient notre souffle... On rêve, on prie... et très vite on est conquis. Le type est pas tout jeune certes, mais il est sublime, il est à l'aise, malin, et porte bien le costume en lin. Dès les premières minutes, c'est un feu d'artifice :

> **VINCE**
>
> – Vous êtes des génies chez Canal+, mais la France c'est trop petit pour vous. On va grandir ensemble, je vais vous emmener aux USA, moi !
>
> **MOI (voix de tête)**
>
> – La vache ! Je me voyais même pas figurant dans *Les Tuche*, et voilà que je vais être premier rôle dans *La Guerre des étoiles* ! À nous les putes et la coke ! *Yes* !
>
> **VINCE**
>
> – Je vais investir deux milliards dans Canal+ !
>
> **MOI (voix de tête)**
>
> – La vache ! Même s'il file la moitié à Alex Lutz et Hanouna, il restera bien deux millions trois pour nous ! À nous les putes et la coke ! *Yessss* !!
>
> **VINCE**
>
> – Si j'en crois les médias, depuis trois mois, je suis dans une série télé moyenne où il y a un

psychopathe qui est arrivé dans une pension de famille et qui tue brutalement tout le monde, surtout les meilleurs. Le psychopathe, c'est moi, la pension de famille, c'est vous.

MOI (voix de tête)

– La vache !… Le mec a de l'humour, il est pertinent… et je le sais d'un de ses proches, tout ça, sans pute et et sans coke. Franchement, respect ! *Yessss* !! C'est un festival de *punchlines*, un tsunami de belles promesses, toute l'assemblée boit ses paroles. L'émotion est palpable dans cette salle qui n'a pas dû connaître une telle intensité et une telle osmose entre un artiste et son public depuis Édith Piaf et Jacques Brel. Alors qu'on pense qu'il a tout donné, tel un James Brown ou un Vianney, il resserre la ceinture de son pantalon, s'interrompt… et envoie une dernière fois la purée, calmant définitivement tout le monde.

VINCE

– Le 6 juin 1944…

MOI (voix de tête, inquiète)

– Mince, qu'est-ce qu'il lui prend ? C'était trop bien, gâche pas tout, Vince.

VINCE

– Le 1er commando de marine sur les plages normandes, le commando Kieffer. Cent soixante-dix-sept soldats… Deux Bolloré parmi eux. On s'est aussi battus pour la liberté. C'est pour ça que quand on me dit que je viens faire de la censure, que je suis contre la liberté de la presse, j'aimerais rappeler les faits d'armes. Vous pouvez me faire confiance.

Rideau. Il salue brièvement le public et s'en va, sous les vivats de son état-major. On est sur le cul. Et pas seulement parce qu'on est assis. Au diable les *stand-uppers* américains, aux oubliettes le *Jamel Comedy Club*, aux chiottes Bernard Arnault, il est là, le champion du monde. Pourtant, elle ne partait pas très bien, cette histoire de juin 1944, on se demandait où il voulait en venir. Mais le ton de la voix, les ondulations des rides pour souligner la dramaturgie de l'épisode et puis cette chute... On ne sait pas si tout est vrai, on ne sait pas si rien n'est faux, on s'en fout, c'est magique ! C'est la tête de Basile Boli en 1993 contre le Milan AC et le pied gauche d'Emmanuel Petit en 1998 contre le Brésil en même temps ! Tout Action Discrète est debout et applaudit ! Enfin un régent qui respecte ses ménestrels et qui leur donne du rêve, ça fait du bien. Vincent, on y croit, on te croit, on a envie de t'appeler papa ! Un moment, on a l'impression qu'il nous regarde et il lève le pouce, tel César face à ses gladiateurs des jeux du cirque. On ne sait pas si c'est pour nous ou pour l'animatrice de *Gym Direct* sur C8, mais on est hyper touchés. Pourtant, à l'instar des meilleures soirées, que ce soit un karaoké, une raclette ou les césars, tout est passé trop vite, on aurait signé volontiers pour deux heures de rab. On se lève de nos sièges, des étoiles plein la tête et on se met à rêver : Vince connaît certainement notre travail, il doit l'apprécier, il pourrait même travailler avec nous. En caméra cachée, il doit déchirer. On rejoint les coulisses, espérant l'approcher pour lui faire au moins un poutou. Manque de bol, le néo-messie de l'esprit Canal est déjà parti, vers les USA sûrement où il prépare déjà notre arrivée et notre gloire. On prend le chemin de la sortie, on croise alors les collègues... et là, on n'en croit pas nos lentilles, c'est la soupe à la grimace. Les cyniques, les affairistes, les opportunistes, bref, les gens de l'antenne ne croient pas une seconde à la sincérité du gaillard à bigoudens. Selon eux, la chaîne et ceux qui la font vont vers de grandes désillusions, tout le monde va sauter à part Maïtena et Hanouna. Vincent Bolloré nous roule dans la farine et, comble d'ironie, elle ne vient pas de Colombie. On hallucine et on est même à deux doigts d'en venir aux mains quand un journaliste de l'émission *Complément d'enquête* sur France 2 vient nous demander avec son petit rictus en coin si « M. Bolloré ne s'est pas un peu foutu de [votre] gueule ce soir ? ». Il a de la chance, il est tout seul… On est que quatre… Difficile de lui infliger une correction. Heureusement, on retrouve le sourire quand on aperçoit les copains Cyrille Eldin et Mouloud Achour sabrer le champagne au bar. On se dit que les vrais amoureux de la chaîne, qui défendent son esprit et son héritage, ont pris du plaisir ce soir et que seuls les aigris font la tronche.

Nous sommes le 12 novembre 2015, il est 22 h 23, tout semble aller parfaitement bien dans le meilleur des mondes. Mais, signe annonciateur ou pas, vingt-quatre heures plus tard, ce sera le chaos dans Paris, et ce sera nettement plus grave pour le pays que l'avenir de quelques intermittents de la société du spectacle…

RADIO GAGAG

« On the radio, oohwooohohoho, on the radio, oohwooohohoho… »

Donna Summer (1948 - 2012)

Malgré toutes les tentatives, impossible de s'entretenir avec oncle Vince. J'appelle sa secrétaire, je propose un rendez-vous, il n'y a aucune suite. Me souvenant de ses jolies promesses et de ses formidables projets, je demande même à des potes qui habitent à Los Angeles si les lettres géantes HOLLYWOOD sur la colline du même nom n'ont pas été remplacées par CANAL PLUS. Je n'ai aucune réponse. Ce n'est guère plus glorieux du côté des sous-boss, on parvient à peine à approcher les portes de leurs bureaux. Peut-être, tout simplement, que Canal+ n'est plus l'eldorado de la blague, enfin de nos blagues surtout. Toujours à l'antenne mais de manière de plus en plus confidentielle, je pars réfléchir à d'autres supports épanouissants et rémunérateurs. La scène ? Trop long à monter, pas assez d'expérience, pas assez de couilles ni d'idées… Le ciné ? Je viens de subir un échec retentissant mais pourquoi pas, je vais aller vers un truc plus vendeur, plus universel. J'ai l'idée du scénario d'*Intouchables 2*. Je fais basculer l'intrigue et le fauteuil roulant dans la foulée. Le gentil pauvre a un accident de voiture dans un *go fast* entre le Maroc et la France et se retrouve dans un fauteuil. Et le méchant riche, lui, grâce à une opération dans une clinique en Suisse financée par une sombre affaire de bitcoins, retrouve ses jambes. Toujours copains, c'est désormais le Blanc qui fait la gueule qui va pousser le Noir qui sourit tout le temps. Dans la BO on remet *September* de Earth, Wind and Fire mais dans une scène hyper émouvante et décalée, quand le méchant riche fait la toilette intime du gentil pauvre. Lutte des classes inversée, éclatement de l'ordre établi, révolution de la hiérarchie des caresses, ça sent bon la comédie sociale... Mais les pauvres ne vont plus au cinéma, trop chère, la place. Aïe ! Je laisse tomber. Alors oui, j'entends ici et là : « Hé, Seb, y a pas que Canal et le cinéma dans la vie ! Y a aussi la famille, les copains, la plancha, le paddle et, et... la radio ! » Oui, la radio, en effet. Le média noble et historique. La parole, le propos et le son avant tout. J'avais déjà eu une expérience sympathique sur le support autour de 2004. Gaël Leforestier, Un copain animateur sur NRJ, anime une émission de libre antenne grand public ou des morceaux de RN'B se mêlent à des appels de jeunes gens soucieux de trouver des réponses aux problématiques liés à leur âge : amour, sexe, argent de poche et drogue bien souvent. Un soir, Gaël me propose une place derrière le micro pour coanimer le show. Il fait le grand frère bienveillant, je joue un psy pour adolescent (mais couillon bien sûr, c'est juste un prétexte pour dire des âneries). Je trouve un nom de scène : le docteur Zouviane et le premier appel donne tout de suite la température : un garçon d'environ 16 ans est en panique, il a eu une relation sexuelle non protégée et a peur d'une contamination au VIH. Gaël l'écoute, le rassure, puis demande l'avis du docteur Zouviane, normal... Ma réponse : « Contre le VIH ? Pas de stress, un simple verre d'eau chaude au petit déj' et le virus s'en va ! ». Gaël sourit, la direction d'NRJ un peu moins. On ne plaisante pas de la sorte avec des prépubères enfin ! Je me fais tirer les oreilles à la fin de l'émission et je suis invité à ne plus jamais y mettre les pieds. Mais en septembre 2017, grâce à quelques connaissances, j'atterris naturellement sur Rire et Chansons. Bah non, je chante mal et je suis moyennement drôle. J'atterris sur Europe 1 enfin ! Europe 1, la radio mythique de Coluche, Jean-Yves Lafesse, Philippe Gildas... un Canal+ radiophonique à bien des égards, c'est idéal pour moi. L'amie Daphné Bürki qui officie sur l'antenne me propose de rejoindre son émission *Bonjour la France* en 2017. Entouré du grand Ariel Wizman et du sculptural Bertrand Chameroy, j'ai une chronique hebdomadaire dans ce programme *feel good* sur l'actualité. Personnellement, j'y raconte une folle journée totalement fictive avec l'invité du jour. Un billet d'humeur qui permet toutes les errances et les aventures, et qui, en plus, met en valeur la personnalité et les goûts de l'invité. Face à moi, la crème de la planète people : Jean Dujardin, Dominique Besnehard, Marlène Schiappa, et j'en passe et des meilleurs. J'y ai de très bons souvenirs, et franchement quelques-uns de mes papiers avaient de l'allure. C'était pas dingue mais c'était pas mal ! La séquence avec Dujardin par exemple reste gravée dans ma mémoire. Faire rire quelqu'un que tu apprécies est quand même la plus belle des récompenses (avec faire rire son beau-père ou son contrôleur fiscal, je vous l'accorde). Tout avait bien commencé, l'équipe est vraiment sympa, on me fait confiance, je suis totalement libre et les audiences de *BLF* progressent tout au long de la saison. C'est donc logiquement à ce moment-là... que la nouvelle direction arrête l'émission. Pourquoi pas ? Mais quand même, juste pour recontextualiser, la direction d'avant, qui avait mis *Bonjour la France* à l'antenne, est considérée par le grand patron du moment comme pourrie. Pourtant, il y a un an, cette direction était jugée formidable. Elle ne l'est plus, donc il y a une nouvelle direction formidable. Cas d'école du monde des médias, et petit caillou dans la chaussure du management cependant : c'est la même personne qui avait nommé la direction formidable qui est devenue pourrie, et c'est cette même personne qui vient de nommer la nouvelle direction qui est présentée comme formidable. Mais cette personne elle semble formidable… mais, au fond, elle ne serait pas un peu pourrie ? Et qui la nomme, elle ? Si c'était elle, en fait, qu'il fallait muter ? Doucement, ne comptez pas sur moi pour dire que l'un des problèmes des médias d'info et de divertissement c'est qu'ils sont administrés par des capitaines d'industrie qui feraient mieux de gérer les Mutuelles du Mans, ce qui serait en effet plus dans leurs cordes. Primo, je ne crois pas au méchant patron et au gentil joueur de diabolo, même dans le bizness du music-hall. Tout le monde, l'artiste comme le cadre commercial, comme le *serial killer*, a la fibre artistique. Elle se cultive, elle se travaille, et heureusement elle ne se décrète pas à la naissance. Secundo, même si je n'ai rien contre les Mutuelles du Mans, je suis très bien à la GMF, leur assurance deux-roues, par exemple, est un modèle du genre. Il n'empêche, *BLF* disparaît à la fin de l'année. Je suis très embêté car je me suis éclaté à la radio et je voudrais continuer. Alors, fin juin, je vais voir la nouvelle direction « formidable », et là, je tombe sur une vieille connaissance croisée chez Karl Zéro, qui, malgré des bilans discutables, est toujours dans les bons coups, au bon poste… Respect. Il a un nom à figurer dans un manga (appelons-le Bibendum) et son bras droit, une tête à figurer dans un manga (appelons-le Gugugamno). Ils me reçoivent comme un prince, me couvrent de compliments et m'affirment que, malgré l'arrêt de *BLF*, ils n'imaginent pas une seconde que je ne sois pas à l'antenne d'Europe 1 en septembre. Ils me disent juste de réfléchir à une rubrique (pas chère évidemment. Eh !) qui pourrait s'insérer dans une émission. Je développe, on se voit, on en parle, et c'est reparti pour la rigolade. Moi, aussi malin qu'un balai, j'y crois. Je trouve deux, trois idées et je les appelle. Curieusement, ni Gugu ni Bibendum ne répondent au téléphone et, même si leur secrétaire me promet qu'ils vont me rappeler, je n'ai aucune nouvelle dans les jours qui suivent. Sympa. Doucement, nonobstant, ne comptez pas sur moi pour dire que l'un des problèmes des médias d'info et de divertissement c'est qu'ils sont administrés par des affairistes hypocrites qui feraient mieux de gérer une banque au Luxembourg, ce qui serait en effet plus dans leurs cordes. Primo, parce que je suis pas si sûr de mon argumentaire. Secundo, parce que, si je n'ai absolument rien contre le secteur bancaire luxembourgeois, je suis très bien au Crédit Agricole, leur crédit à taux renouvelable, par exemple, est un modèle du genre. Je suis quand même bien dégoûté ; l'aventure m'a tellement plu, et ça me fait vraiment de la peine pour Ariel et Daphné qui assuraient carrément dans l'émission. Un an plus tard, alors que la nouvelle direction qui devait être formidable semble finalement pourrie puisqu'elle est en train de faire ses cartons, le Kazar me propose, avec l'accord de l'animateur Thomas Thouroude, de le remplacer à l'occasion pour les commentaires de l'équipe de France de football à l'Euro 2018 en Russie dans l'émission *Y a pas péno !*, toujours sur Europe 1. À l'époque, Poutine est encore un copain et on attend impatiemment le sacre annoncé des Bleus. Je m'intègre facilement à l'émission, présentée par Thomas que j'ai connu à Canal+, un journaliste sportif de talent et qui de plus est vraiment un bon gars. J'arrive donc pour commenter France-Australie, match décisif pour notre pays. Animé par un patriotisme entier et passionné qui n'a d'égal qu'un champ lexical limité et ordurier, je vis littéralement le match et, évidemment, j'envoie la patate. Morceaux choisis : « Antoine Griezmann est un truffe, au prix où il est payé ! ? », « C'est quoi son talent à Kylian Mbappé à part d'avoir la tête d'Henri Salvador ? », « L'Australien est fourbe. On parle beaucoup des Chinois mais l'Australien est fourbe », « Tous les Australiens sont alcooliques, on ne peut pas perdre ce soir ». Et quand les Bleus marquent, je hurle (c'était déjà le cas avant, je vous rassure) : « Dans le cul, les kangourous ! » Encore plus sympathique et gratuit, je balance que le défenseur des Bleus, Benjamin Pavard, est un con. Vous l'avez compris, on est au Salon du marron glacé et c'est moi qui tiens le vestiaire. Thomas Thouroude, très pro, donne le change en critiquant avec humour mes sorties tout en la jouant bon camarade. Nous, on se marre. Pas tout le temps, mais quand on se marre, on se marre vraiment. Certains êtres humains chez eux, un peu moins apparemment. Dès le lendemain, des médias parlent de dérapage et sortent des tweets qui reviennent sur ma prestation, avec le fameux « Commentaires de France-Australie sur Europe 1, la toile est divisée ». Ah ah ah, toujours excellente cette accroche, merci encore, le web. Plus grave, la direction d'Europe 1 apprécie peu le spectacle et on me signale que je ne suis plus le bienvenu. Thouroude, élégant, me soutient, mais son émission s'arrête. Et elle s'arrête définitivement en juin après un an d'existence ! Ce n'est pas lié qu'à moi – j'ai un certain pouvoir de nuisance qui est, professionnellement comme humainement, une qualité remarquable – mais je me renseigne : *Y a pas péno* ! présentait déjà d'autres soucis pour la direction. Au pire, j'ai été la goutte d'eau et je m'en excuse auprès de Thomas et de son équipe… Dommage, l'émission était chouette. Putain, ça fait deux programmes qui tenaient la route et étaient promis à un bel avenir, et, en plus, j'aurais été dedans de temps en temps. Franchement, c'est dramatique. Quelles sont les dindes qui dirigeaient Europe 1 à l'époque ? Heureusement, il paraît que depuis un an ça a bien bougé en interne, les nouveaux patrons sont, eux, vraiment géniaux, et j'imagine que désormais les audiences grimpent à nouveau en flèche. Donc oui, salut, la radio, salut, la famille... De toute façon, moi je dis Canal, Canal, Canal ! Bon, j'y fais pas grand-chose mais j'y suis encore. Je suis un enfant de Canal, je suis un enfant de la balle, je vais rebondir ! J'arrive pas à voir le patron, mais si j'allais revoir le sous-patron ?

JE TE VEUX SOUS LES RADARS

« Un homme d'affaires est un croisement entre un danseur et une machine à calculer. »

Paul Valéry (1871 - 1945)

Pour dresser l'état de ton statut professionnel et ainsi justifier son poste et son rôle de décideur de carrière de bouffons, parfois le patron te prend entre quatre yeux et te sort une phrase solennelle, censée donner un bilan global de tes capacités et la vision posée et réfléchie qu'il a de toi, à un instant T. Cette phrase peut être ainsi une déclaration d'amour… comme une rafale de kalach. C'est le jeu, pas de souci, et, beauté et dualité de la vie, il arrive que la phrase soit même à double tranchant. Je me souviens qu'en 2011, à Cannes pendant le festival, une sous-boss, appelons-la Agathe, plutôt sympa, me présente au *big boss* de l'époque, Bertrand Meheut (un Breton, déjà !). En mode cour de Versailles, le Roi-Soleil du cinéma, foot, et du porno (de Canal, quoi !) se balade dans les couloirs et engage la conversation avec les roturiers de la chaîne, guidé par Agathe, mi-Pompadour mi-Richelieu sur le moment. Arrivée à ma hauteur, elle se tourne vers Bébert et lui dit à l'oreille : « Je vous présente Sébastien Thoen, il est super. C'est le mec le plus drôle hors antenne que je connaisse ! » Bébert sourit, moi aussi de circonstance, mais je me permets de répondre que je comprends mieux maintenant pourquoi je ne suis pas trop à l'antenne vu que je suis surtout drôle hors antenne. Tout le monde rigole de bon cœur, surtout moi, et Bébert me glisse : « Mon fils adore votre film sur Frédéric François. » Heureux, je les remercie lui et son fils en rêvant que *Cabine 1005* (voir chapitre « Indiana Jones et la dernière croisière ») soit diffusée un jour ! Le fils du patron adore, c'est jouable, non ? Eh bien, non. « Le mec le plus drôle hors antenne », ah ouais, quand même ! Je ne vous cache pas que je tique un peu, surtout en imaginant ce que peuvent penser de moi les décideurs qui m'aiment moyennement quand on voit ce que dit une responsable qui m'aime beaucoup. Entre nous, ça reste une bonne anecdote qui me poursuivra longtemps. Par exemple avec le groupe, quand on boit un verre dans un bar et que le serveur me dit qu'il me reconnaît mais qu'il ne sait pas vraiment qui je suis (l'histoire de ma carrière en somme), les autres répondent en chœur : « Mais oui, vous le connaissez ! C'est le mec le plus drôle hors antenne de Canal ! » Le traumatisme passé depuis, je me retrouve donc devant la porte du patron parce qu'il faut qu'on cause, qu'on avance, faut se dire des choses, heureuses ou pas. Il est de bonne humeur et devine que c'est moins mon cas.

LE PATRON

– Qu'est-ce qui ne va pas ?

MOI

– Je me rends compte de là où j'en suis. Il y a cinq ans, *Le Grand Journal*, *Action Discrète*... et maintenant, je fais moins de choses, je fais pas mon film... Aujourd'hui, je suis au *Journal du hard* et un tout petit peu aux sports. Plus ça va, moins on me voit, et dans ce taf...

LE PATRON

– Attends, Thomas, Max et Cyril m'ont proposé des documentaires touristiques et comiques.

MOI

– Oui, *Les Zozos migrateurs*.

LE PATRON

– Vous allez faire ça ! C'est un bonheur de vous voir réunis, toi, Kazar et Thomas en mode touristes, je suis sûr que ça va marcher.

MOI

– Merci, mais ça va marcher... sur Canal+ Décalé.

LE PATRON

– C'est cohérent, on lance une super programmation sur Décalé, on y croit, c'est l'esprit Canal, y a vous, Thomas Ngijol,...

MOI

– Mais pourquoi l'esprit Canal, s'il existe, il est pas sur Canal ?

LE PATRON

– Il est sur Canal ! Mais un autre Canal. Décalé, c'est un club de privilégiés, d'abonnés historiques.

MOI

– Mouais. On va être diffusé un lundi à 23 h 30 et c'est pas sur la chaîne premium ! Le temps que le programme soit repéré, on aura tous un dentier.

LE PATRON

– T'exagères, attends de voir.

MOI

– Et moi, je fais quoi en solo ? Je me suis investi, j'ai montré que je savais aussi présenter des émissions, intégrer des bandes sans que ce soit trop le bordel.

LE PATRON

– Oui. Mais je te veux sous les radars.

MOI

– Pardon ?

LE PATRON

– Je te veux sous les radars.

MOI

– Attends, mais moi je veux casser la baraque ! « Sous les radars » de quoi ? De la prévention routière ou du succès ?

LE PATRON

– C'est pour être honnête avec toi et te prévenir que oui tu fais partie de la chaîne, oui je t'apprécie, mais attention il y a des gens qui t'aiment un peu moins, et c'est pas plus mal s'ils ne savent pas trop ce que tu fais.

MOI

– D'où ma présence en crypté, sur Décalé... Relativement incognito, quoi.

LE PATRON

– En quelque sorte, oui. Mais le prends pas mal, tu es très Canal, les abonnés t'aiment beaucoup et...

À partir de là, je zappe le reste de la discussion. J'hésite à placer que je veux voir oncle Vince, mais comme Vince c'est le radar, c'est donc logique qu'il ne me voit pas puisque je suis en dessous. Je sors du bureau, la phrase « Je te veux sous les radars » résonnant comme un carillon dans ma tête de cloche. Un patron qui te dit ça, ce n'est pas une victoire, quel que soit le domaine d'activité, à part peut-être pour les pilotes d'avions de chasse. C'est donc officiel, les projets ne vont pas se bousculer, je suis plutôt sur la sellette même et je n'ai pas que des copains au comité d'entreprise. Je ne comprends pas, je m'entends très bien avec le reste de la direction, notamment Gérald-Brice Viret qui est le directeur des programmes de la chaîne. C'est de très loin le meilleur qu'on ait eu depuis longtemps. Il est sympathique, intelligent, visionnaire, bienveillant, toujours à l'écoute, il a lancé Nabilla sur NRJ12 et, d'après de nombreuses sources, c'est Cyril Hanouna qui l'a choisi pour le poste. Franchement, il a un CV en or. Tant pis, je prends sur moi et me motive : je vais continuer mes activités sur la chaîne, je vais chercher d'autres plans à côté et bien préparer *Les Zozos migrateurs*. Allez, Toto ! Je ne vais pas me plaindre, je vais être payé à voyager en disant des bêtises. Avec *Les Zozos*, nous tournons quatre documentaires de cinquante-deux minutes pour la première saison. La formule hybride – docu-fiction-déconne-tourisme – nous botte, et le projet est porté et écrit par Thomas, Max et Cyril qui y mettent tout leur cœur. Mais on se heurte à la chaîne qui veut plus de tourisme que de déconne. Or, jusqu'à preuve du contraire, on bosse pas pour Look Voyages, et ça risque de soûler au bout de dix minutes les téléspectateurs qui nous connaissent et nous aiment bien. Autre dilemme, on veut bloquer sur une ville comme décor de fond, mais Canal veut une ambiance *road trip*. Le financement alloué aux *Zozos* ne nous permet de tourner que huit jours, voyage compris, alors on fait le calcul rapide : deux jours d'avion, les problèmes inhérents à un tournage à l'autre bout du monde, le budget restreint, notre anglais discutable, et le fait qu'on nous demande quand même de traverser tout le nord de l'Inde pour la première, il ne va pas falloir rater des scènes, ni se perdre dans un temple. On est un peu en colère, surtout quand on voit que d'autres ont des budgets et un planning de tournage confortables pour faire le tour de l'Auvergne (soyons pas jaloux, ils ne doivent pas être « sous les radars », c'est tout, tant mieux pour eux). On se chamaille aussi un peu entre nous concernant l'écriture et le but du programme. Le groupe a quasiment vingt ans, on est comme des frères, on a toujours été raccord sur nos envies, mais là, un peu moins. C'est normal, un groupe n'a pas une durée de vie indéterminée, il y a l'usure du temps, la place de chacun et comment il le vit, les envies personnelles des uns et des autres qui empiètent sur le collectif... Un groupe de comiques, c'est pas un groupe de musique où le guitariste vient avec sa guitare, le batteur avec sa batterie, etc, chacun ayant son registre et son rôle défini avec la même implication et un but collectif : construire une chanson. Dans une bande comique, on œuvre collectivement mais on a tous le même instrument : des blagues coincées dans un bout de cervelle. Vous imaginez un groupe de musique où tout le monde joue du même instrument ? Non. Même chez les Gipsy Kings, il y en a au moins un qui a un genre de castagnettes, et pas une guitare. Sans cela, ça ne fonctionnerait pas longtemps, trop de concurrence, trop d'ego mal placé. Vérifiez par vous-même, la plupart des groupes comiques ont implosé assez vite : les Nous Ç Nous, les Robins des Bois, le Front al-Nosra... Au bout de quelques années, ils n'avaient non seulement plus grand-chose à dire mais, en plus, chaque membre voulait le dire. Artistiquement comme humainement, c'est injouable... C'était le passage métaphysique de l'ouvrage, pas sûr qu'il soit très clair et compréhensible, mais il en fallait un. Revenons au cartésien : concernant *Les Zozos migrateurs*, ce qui crée des tensions, c'est la pression générale et la frustration qui nous attend sur les destinations. On a le temps de pas grand-chose, on prie pour que les séquences interactives avec les autochtones fonctionnent tout de suite, mais c'est stressant et, naturellement, cette accumulation de contraintes et d'impondérables n'aide pas à maintenir une bonne ambiance entre nous. Si on a deux, trois jours de plus, on peut améliorer certaines scènes, en improviser d'autres, ce qui fait depuis le début la force du groupe. Tourner à l'arrache un sketch de trois minutes dans une manifestation à Paris, c'est bien, mais tourner à l'arrache un documentaire de cinquante-deux minutes dans la jungle, c'est moins bien. La chaîne doit se dire qu'on s'en sortira toujours, comme d'hab... mais dès la première expédition, l'Inde, il y a quelques soucis. Quatrième jour, alors qu'on a déjà fait deux mille bornes minimum, on monte vers la chaîne de l'Himalaya. Surprise sur place, des pans entiers de falaise s'écroulent sur la route à cause des pluies diluviennes. Tous les voyageurs le savent, quand les locaux flippent de ce qu'il se produit, c'est qu'il se passe réellement un truc grave, et là, les locaux flippent vraiment. Nous, on a pas le temps d'attendre la fin de l'éboulement, faut qu'on aille piéger un maître yoga du pénis ! On force le chauffeur à traverser le bordel, sous les yeux médusés des Indiens. Dans la foulée, on traverse un parc naturel avec un utilitaire. Les gardiens du parc armés sur leur 4x4 nous avertissent : si on crève un pneu, personne ne descend du camion, c'est bourré de jaguars et, d'après leurs infos, ça fait longtemps qu'ils ont pas bouffé de Kinder Bueno. Mais ce qui nous dérange surtout, c'est que nos patrons directs vérifient et corrigent, s'ils en ont envie, les idées et l'écriture de nos séquences. Ah ! Fini le temps béni d'*Action Discrète* où on faisait ce qu'on voulait. On est pas contre le principe de se faire aiguiller voire aider, mais de là à couper des scènes parce qu'elles ne seraient pas assez « bienveillantes » par exemple... Ça nous pose un problème, et il n'est pas dit que ce soit bien pour le programme. Exemple, pour le 52' au Japon, on écrit un sketch dans lequel on devise de l'importance de l'égalité homme-femme tout en dégustant des sushis sur une geisha totalement dénudée. On joue parfaitement des gros cons (ah bon ?) et la geisha est superbe, le sketch est bien. Mais la chaîne ne veut pas le diffuser, de peur des réactions, en pleine révolution #MeToo. Sa race, ça va loin là ! Bon, le plus drôle, c'est qu'après de nombreuses négociations nous parvenons à diffuser cet extrait... sur le Net ! Où il fait trois fois plus d'audience que l'émission. Heureusement, il y a aussi de jolis moments. Quand, en Jamaïque, Thomas décide d'ingurgiter un morceau de *space cake*. Il se demande lui-même encore aujourd'hui s'il en est bien revenu. Au Danemark, quand on me demande de monter sur un cheval. Des chevaux, j'en ai vu deux fois dans ma vie : la première, je leur ai balancé un fumigène (voir chapitre « Mes amis, notre humour, nos emmerdes »), et la seconde, l'étalon écrasait ses sabots sur une colonie de fétichistes (voir chapitre « Le 7ème hard »). Autant vous dire que j'ai une connaissance moyenne du canasson, mais là, sur cette plage déserte à une heure de Copenhague, mon personnage doit monter à cheval et galoper ! Une professionnelle locale m'accompagne et me rassure en me disant que ces chevaux sont gentils et calmes. J'apprends en dix minutes la manœuvre à réaliser pour que la bourrique se mette à courir, et me voilà parti. Les deux cents mètres les plus longs de ma vie... Je ne sais toujours pas comment je ne suis pas tombé. Mon accompagnatrice, si ! Et elle a manqué de se faire piétiner par son destrier. Elle avait raison, cette connasse, ils étaient gentils et calmes, ces salauds. Au final, certains numéros sont quand même réussis, on s'est amusés à les faire et la plupart des retours sont positifs. Mais *Les Zozos* passent sur Canal+Décalé en semaine à 7 heures du mat' et, comme les médias n'en ont plus rien à foutre de ce que produit Canal en général, la promo est plus que légère, et c'est le bout du monde si 15 % des abonnés sont au courant du programme. On gratte une seconde saison à l'arrache mais, alors qu'on commence à maîtriser les aléas de ce type d'émission, on apprend qu'il n'y en aura pas de troisième pour *Les Zozos migrateurs*, sous quelle que forme que ce soit. Dommage. En même temps, j'avais déjà effectué un voyage dans les tropiques avec Cyril Hanouna en 2016. Il produit à l'époque un jeu sur D17, la chaîne qu'on appelle La Cadillac du groupe Canal (que la direction a définitivement bien fait d'acheter, avec D8 quatre ans plus tôt) et me propose gentiment de l'animer. Cyril a oublié visiblement que j'ai balancé dans le passé au Grand journal : « Hanouna ? On l'emmerde ». C'était juste une blague mais je sais de source sûre qu'il était colère. Manque de pot, en 2013, il n'est pas encore le caïd de la TNT qui te tombe dessus dès que tu le vannes. Le jeu a un super nom : « Haschtag ou Diez » et met en scène des animateurs télé autour d'un quizz spécial années 80 vs années 2000. Le casting c'est l'EHPAD de TF1 mais attention, 5 étoiles : Evelyne Leclerc, Jacky du Club Dorothée, Danièle Gilbert... Je préviens le patron de la chaîne que je veux bien présenter mais à une condition : liberté totale de blague dans mes lancements. Évidemment le beau quinquagénaire à la dentition parfaite et au joli brushing m'annonce « Mais bien sûr, Seb, si on t'a choisi, c'est justement pour ton univers ». Et évidemment, juste avant la diffusion, toutes les blagues sur la politique ou le terrorisme ont disparu. Je me regarde et j'ai l'impression d'être Nikos Aliagas, le talent en moins.

Unique rayon de soleil à cette époque (mais toujours « sous les radars » comme prévu), on participe au Canal Tour, un événement interne censé remercier les abonnés de leur fidélité. Il n'y a pas beaucoup de sous pour certaines émissions, mais il y en a pour convier, dans les Zénith de province, plus de deux mille abonnés à chaque fois, à boire du champagne et venir voir quelques vedettes de l'écran rigoler avec eux et évoquer les prochaines nouveautés sur leur chaîne cryptée préférée. L'initiative est sympathique, chapeautée par Nicolas, un cadre de la chaîne qui l'aime vraiment . On fait plus d'une dizaine de représentations en y prenant réellement du plaisir. Les grands noms de la chaîne ne sont pas là, il n'y a que des gens bien avec une vraie volonté de remercier nos abonnés et porter Canal à nouveau vers les sommets : Laurent Weil, nous, des animateurs et animatrices des sports et la jeune génération motivée : Jordi et Martin, Patrick Chanfray, Paul de Saint Sernin, Paul Taylor, entre autres. La dernière se déroule à Paris, à l'Olympia. J'écris avec l'équipe un quiz rigolo qu'on joue sur scène avec des animateurs et des abonnés. L'ambiance est super, la salle rigole et on se dit qu'il y a vraiment un truc à faire avec cette troupe. Pour aller encore plus loin, le Canal Tour doit se rendre partout et convaincre les non-abonnés de rejoindre la famille Canal. Si ce show sur scène tient la route, avec un peu plus de taf, il pourrait être diffusé sur l'antenne et ravir le public ? Hein ? Tout le monde dit que c'est mort, Canal. Eh bien non, on est là, et on peut encore tout casser ! Allez ? On en parle à Gérald-Brice. Il nous confie qu'il comprend, qu'il adore, qu'il en rêve la nuit mais, curieusement, il ne donnera jamais suite. À part pour deux ou trois chanceux, c'est l'ambiance générale dans la chaîne : on propose des projets, la réponse met trois mois à venir et elle est constamment négative. Je me voile la face mais, au fond de moi, je devine que même si elle est lente, sinueuse et parfois ponctuée d'épisodes d'espoir, la descente aux enfers est bien là... Mais l'envie de rire est toujours intacte. Dont acte ?

FACE À BABADGE

« La vie est une blague, passe vite et finit mal, alors rions un peu ! »

Patrick, mon beau-frère. Noël 2016, juste avant la bûche sans gluten.

Novembre 2020… Je marche dans les couloirs de Canal+ et je compte les points… ou plutôt, mes points. Bon, quarante-deux ans, pratiquement vingt ans à Canal et, au final, cinq minutes par mois en crypté dans une émission porno et trois minutes en clair le samedi après-midi dans une émission de sport sympathique mais qui touche trois cents personnes. Bref, en reprenant tous les éléments, à ce rythme-là, si tout va bien, l'an prochain, dans le meilleur des cas, je bosse à la cafète de C8. En plus, selon des rumeurs insistantes et vérifiables, les têtes de gondole de l'humour sur la 4 sont et seront Antoine de Caunes, Jonathan Cohen, Alex Lutz et basta. Pour les autres, comme moi, c'est la tombola et il n'est même pas sûr que la direction mette les tickets en vente. Dans ma tête, c'est la panique : qu'est-ce qu'on va m'annoncer en juin ? Mais putain, je vais faire quoi l'an prochain ? Je ne vais quand même pas chercher un vrai boulot maintenant. Et quel boulot ? Je suis artiste, je ne sais rien faire ! En cet automne gris et pluvieux, je ne suis que l'ombre de moi-même dans cet immeuble mythique mais froid et laissé à l'abandon. Il faut dire qu'en cinq ans on a pas mal dégraissé dans la boîte.

Autant moi, je n'ai pas foutu grand-chose, autant la DRH a bien bossé. La plupart des bureaux sont totalement vides. Ne restent que quelques souvenirs du glorieux passé de la chaîne irrévérencieuse où tout le monde voulait travailler... Sur le mur, une photo abîmée du PPD des *Guignols de l'info* et, sur le morceau de bureau encore debout, une bougie parfumée de *Clique TV* déjà entamée. Il n'y a pas un bruit. Pire, pas un rire. Encore pire, même pas un pet, pourtant une des pierres philosophales de l'esprit Canal. Et partout, des *paperboards* avec des concepts d'émissions fantastiques dessus jonchent le sol en attendant d'être envoyés à la benne... Tel un migrant qui cherche son canot pneumatique, je pars bille en tête à l'attaque de la moindre blague, même pas pour signer un contrat, juste pour tenir le coup, pour encore y croire. Je reviens donc aux fondamentaux, quand le rire était notre carburant saoudien, quand le piège était notre gaz russe, quand la blague était notre métier, quand ce métier était une blague ! Je redescends à la base, là où finalement tout commence et tout se joue. Pas le cours de théâtre, ni la ligue d'impro, ni le foyer de réinsertion, oh non. La base, la vraie, la physique : l'accueil au rez-de-chaussée. Le passage obligatoire avant le royaume des décideurs qui te disent banco ou pas pour tes idées, tes projets, bref pour ton avenir professionnel comme financier sur un an. L'avantage de ne pas être très connu, même dans ta propre entreprise, te permet de tester ton art dès cet endroit. Les hôtesses, trop jeunes ou trop connes, ou les deux, ne m'ont jamais réellement identifié, la plupart ne regardant même pas la chaîne ou connaissant uniquement quelques poids lourds de l'antenne comme Mouloud Achour ou Pierre Ménès. Ainsi, pendant toutes ces années, avec mes camarades d'AD, on s'est amusés à se présenter à l'accueil sans badge personnel mais avec l'assurance d'un rendez-vous, l'opération commando étant toujours la même. J'arrive sobrement et souriant au *desk* et salue les deux employées en CDI, elles. L'une me demande avec qui j'ai rendez-vous, je réponds sérieusement. Puis l'excitation monte d'un cran quand elle me demande : « Qui dois-je annoncer ? » Et là, la folie commence : il faut trouver une identité rigolote ou faire un *mashup* de noms improbables. Le plaisir est multiple : défier les copains du groupe pour savoir qui se fait griller ou qui invente le nom le plus impossible (Thomas est très fort à cet exercice) ; voir la tête de l'hôtesse quand elle appelle la personne avec qui nous avons rendez-vous et qu'elle dit au téléphone : « J'ai M. Aldo Phitler pour vous à l'accueil, je le fais monter ? » Ça marche quasiment tout le temps car l'hôtesse s'en fout ou ne capte rien et, à l'autre bout du fil, notre interlocuteur sait parfaitement avec quel genre de con il ou elle a rendez-vous. Ce n'est pas le canular du siècle, c'est plus une forme de déformation professionnelle doublée d'un plaisir gratuit et enfantin, mais, en cette fin d'octobre 2020, c'est personnellement tout ce qui me reste pour entretenir la flamme. Pas celle de Ben Stiller et Jonathan Cohen, non, l'autre, LA flamme tout court. Celle qui est censée brûler en toi pour toujours, celle qui doit t'animer constamment pour rester dans le *game* de l'humour, sinon fallait faire plombier, mais certainement pas troubadour. J'ai encore un petit peu de travail rémunéré, j'aime ce que je fais mais je le sens, ça ne durera pas, c'est bientôt la fin. Il faut se réveiller, il faut montrer les dents, on a bientôt quarante-cinq ans mais encore un peu de talent ! Et si Internet, cet autre média discutable, était la clé ? Avec Thomas et Kazar, on fait des sketchs sur le football sur un blog de pari en ligne milliardaire baptisé intelligemment et sobrement Winamax. Ils sont cool, ils nous laissent faire ce qu'on veut, et les vidéos, destinées à un public fan de foot principalement, obtiennent des critiques honorables (soyons honnêtes, parfois c'est bien, parfois c'est nul, comme la vie en somme). Mais on n'a pas encore fait notre *master class* ! Dans les bureaux de Winamax, y a un décor de plateau. Et il se trouve qu'en ce moment on kiffe une émission incroyable sur une formidable chaîne info : celle de Pascal Praud sur CNews… Alors, *go* ?

APOCALYPSE NOW

« Ce n'est pas la peine de se tuer puisqu'on se tue toujours trop tard. »

Emil Cioran (1911-1995)

On veut faire ce sketch depuis longtemps mais là, en partie à cause du confinement, on doit privilégier les tournages en intérieur et sécurisés, alors on se dit que c'est l'occase. On n'a jamais été du genre à calculer ce qu'il faut faire pour marquer les esprits, on a toujours écrit avant tout ce qu'on avait envie de jouer, et de voir même. Mais on n'est pas dupes et, même si je l'ai déjà mentionné lourdement une bonne vingtaine de fois, on aime le *buzz* et l'argent (du *buzz*). On sait très bien que la parodie, au sens large, fonctionne toujours et garantit des vues tout public. Les gens ont la référence, ça leur parle et, comme disent les marketeurs du milieu : « c'est concernant », puisqu'on va se marrer de quelque chose dont ils débattent ou rigolent déjà chez eux. Ne soyons pas snobs et hautains pour autant, la parodie n'est pas que le parent pauvre de l'humour télé ; on en a tous fait, et même parfois des réussies (bon souvenir de 2009 que notre sketch *Une partouze presque parfaite*, tirée d'*Un dîner presque parfait*). Mais on a toujours pris garde à ne pas tomber dans un truc facile et casse-gueule quand on parodie un programme qui est déjà une parodie en soi. Toute émission de télé-réalité par exemple est écrite comme un sketch avec une lecture au premier degré comme au troisième, donc à part pousser le bouchon un peu plus loin et finalement être moins drôles, dérangeants et cyniques que le concept original, ça ne vaut pas la peine. Pour réaliser une parodie de qualité, il faut vraiment partir très loin de l'original au moins dans la forme, renverser les codes, décaler le truc à mort, sinon on est juste des gugusses qui font les mêmes blagues que tous les tweetos. Et je rappelle que nous on est Canal (et Winamax). On est par essence la crème de la tarte à la crème, le Collège de France de l'humour, les djihadistes de la blague, on se doit de se transcender et d'offrir à nos semblables des blagues de très haute qualité qui évitent au maximum la facilité. En parlant de Canal, on aimerait bien se faire *Quotidien* de Yann Barthès en moquant le côté bien-pensant et ultra LGBTQIA+ *friendly* de l'émission, mais cette dernière s'assumant aussi humoristique elle n'est pas évidente à transposer en sketch. Comme la moitié de la France, on est fascinés par *L'Heure des Pros*, l'émission de débat de Pascal Praud sur la chaîne catholique cryptée CNews. C'est compliqué aussi parce que non seulement on est fans, mais ils vont tellement loin parfois dans leur délire que ça ressemble déjà à un sketch très produit, et hyper drôle en plus. Alors qu'est-ce qu'on peut apporter de plus, et de mieux surtout ? Reprenons dès le début… Comme d'habitude, ça commence par un bon jeu de mots : Praud et prono. Évident et efficace, c'était fatal, animal ! La transversale émission de football caricaturale/émission de débat caricaturale d'une chaîne info, ça le fait, on trouve des analogies, des blagues, une fin tout de suite. Allez, on est partis ! On a le décor, quasiment l'âge des chroniqueurs originaux, et déjà leur physique et leur cerveau. Avant tout, on sait sur quoi il faut mettre le doigt de l'humour : ce sentiment que cette émission pourrait laisser parler et plutôt défendre « un tout petit peu plus » les personnes de droite bien à droite plutôt que les personnes de gauche. Pardon, LA personne de gauche, quand il y en a une. Et je vous rassure, ce n'est pas le présentateur, Pascal Praud. Kazar le tenant merveilleusement bien, c'est lui qui interprétera son double maléfique, Pascal Prono, dont on va forcer le trait, comme pour tous les personnages, c'est le principe d'un sketch. Thomas, lui, jouera un président de club affairiste, virulent et réac. C'est bien, ça manquait sur le plateau. Quant à moi, il y a débat. J'ai beau avoir la chance et le privilège de ressembler au sénateur lepéniste Stéphane Ravier, on se dit que c'est une autre figure de la droite bien à droite et habituée de CNews, le dénommé Jean Messiha, qu'il serait intéressant de parodier. Je me dévoue, de bon cœur et me rebaptise Lionel Messiha, hommage à Jeannot et au prodige du ballon rond argentin. Enfin, le mec de gauche est joué par Maxime, notre réalisateur, vu qu'on n'a pas les moyens de prendre un comédien (mais il joue bien, le Maxou). On écrit une trame légère – on improvisera sur place comme souvent – et on appelle notre parodie *L'Heure des Pronos*. Le tournage en ce mardi 17 novembre se passe très bien, on rigole même pendant les prises – c'est rare –, on sait que le sketch tiendra la route, mais on est à mille lieues d'imaginer l'éruption de merde que ce volcan médiatique va provoquer quelques jours plus tard, notamment dans notre famille cathodique. Max monte la séquence et le résultat nous satisfait tous. Dans la matinée du jeudi, il est posé sur les réseaux sociaux de Winamax. Première alerte dans l'après-midi, je reçois le SMS d'un pote journaliste qui m'écrit : « On se marre tous ici à CNews avec votre sketch sur *L'Heure des Pros*, bravo ! » Tiens donc, je ne savais pas qu'ils étaient joueurs de poker dans la chaîne info. Je dis cela parce que la majorité du public Winamax c'est des joueurs de poker, des parieurs, plutôt jeunes et pour beaucoup de province. Je cogite un peu et décide d'aller plus loin dans ma réflexion qui vaut ce qu'elle vaut ; je cours regarder le nombre de vues sur YouTube et Facebook. Le chiffre est au-dessus de la moyenne et les commentaires sont assez positifs. Je vais sur Twitter, ça s'agite pas mal et le site Puremédias (site connu des travailleurs des médias principalement) s'en fait l'écho. Donc le sketch tourne plus que d'habitude : les parieurs comme les journalistes, comme Pascal Praud, l'ont vu. OK. De Pascalou, professionnellement, je n'ai pas que de très bons échos, mais ne venant pas forcément d'individus formidables, alors restons prudents. En tout cas, je le croise parfois dans un restaurant, et c'est quelqu'un d'éminemment jovial. Le lendemain matin, le vendredi, ça prend une autre tournure : je reçois l'appel d'un patron qui m'aime bien. Un mec bonnard qui s'en fout un peu de tout, qui veut juste jouer au golf et faire la fête. Bon, il ne connaît rien à la télé mais il est super. Surnommons-le affectueusement Franki. Bras gauche d'oncle Vince, Franki qui adorait Action Discrète, Franki qui adorait ce que j'étais aussi, est complètement désemparé par ce qui vient de se passer. Mais qu'y a-t-il de si grave ? La Russie est en guerre ? Bah non, pas tout de suite. On a repéré un nouveau virus qui ne s'attaque qu'aux non-gilets jaunes ? Bah, il y a bien le Covid mais ce n'est pas sa caractéristique principale. La fin du monde ? Bah non, ce n'est prévu qu'en 2026. Le ton de sa voix est grave et agressif dès le début de la conversation, et il m'explique tout de suite pourquoi : Franki m'adore, il veut mon bien, je suis comme son fils, mais le sketch sur Pascal Praud le dérange fortement. Il n'est pas drôle et très mal venu. Je tempère le pitbull de salon et le rassure, ce n'est qu'un sketch et plutôt drôle, selon plein de gens. Voilà, on avait envie de rigoler avec Pascal, et non de Pascal, donc rions un peu tous ensemble, Franki ! Toi

Franki, qui adorais rire à la vie y a encore vingt-quatre heures ! Déstresse ! Je raccroche cordialement mais je raccroche. Attendez, il est gentil lui aussi ! Il est dans la boîte depuis trois ans, et il nous manque de respect à moi et mes amis ! Nous, les templiers de l'esprit Canal ! On a été en prison pour cette chaîne, mec ! Ça va pas, non ? ! Je ne m'inquiète pas de la réaction de Franki, mais je note. Le lendemain, samedi, je prépare mon billet d'humeur hebdomadaire de trois minutes dans le *Canal Sports Club*, animé de main de maître par une équipe très sympathique : Marie Portolano, Habib Beye, Julien Benneteau, Mathieu Blin et d'autres. Cinq minutes avant le direct, je rappelle Franki parce que la vidéo cartonne et que son coup de fil de la veille me laisse de plus en plus perplexe. Il décroche amicalement et me répète qu'il m'adore, qu'il ne me veut que du bien, que je suis comme son fils. OK, OK... mais que, comme il le dit si bien : « ça s'aggrave, ça parle là-haut, j'espère qu'ils ne l'ont pas tous vu et que tu nous prépares rien sur Zemmour la semaine prochaine ». Là-haut ?? C'est-à-dire ? Le Saint-Esprit ? Thomas Pesquet ? Franki ajoute même que j'ai vraiment abusé, et que « Séraphine, lui, n'aurait jamais osé » (?!). Alors là, je m'énerve et je lui balance : « Mais tu l'as pas vu le sketch, c'est pas possible ! Tu te calmes, on va pas en faire trois mille des sketchs sur Praud, et il en a rigolé ! ? Quant à CNews, ils prônent la liberté d'expression, ils sont donc pas assez cons pour crier au scandale ! Stop ! C'est une vidéo qui cartonne que chez les fans de foot ! Et si demain on veut faire une blague sur Zemmour, on la fera. Et si après-demain Élisabeth Lévy fait une blague sur le *Journal du hard*, j'en serai ravi. Allez, ciao, kiki ! » et je raccroche fermement puisque je dois aller sur un plateau de télévision pour faire rêver la France. Pendant la séquence, je ne pense qu'à cette histoire mais je donne le change (il y a un prompteur, ça aide). En sortant, j'appelle Kazar et Thomas pour leur raconter. Ils ne sont pas surpris, ils ont compris que notre chaîne avait changé, mais ils hallucinent quand même, d'autant que si le sketch marche bien il reste confidentiel. Jean Messiha comme Pascal Praud ont officiellement communiqué sur le fait qu'ils avaient rigolé de la parodie, donc il n'y a aucun ingrédient pour une polémique. On en vient alors à se demander si la version officielle est la bonne : Jean Messiha et Pascal Praud savent que ça craint mais, avant le scandale, ils jouent les mecs fair-play pour se protéger et se dédouaner de ce qui va arriver... Non, c'est pas leur genre, ce ne sont pas des politiques. Au-delà de ça, le moqué n'est pas obligé de rire quand on se fout de sa gueule, il peut aussi mal le prendre. C'est son droit le plus strict, le bouffon n'est pas au-dessus des lois et du manque de respect, la dictature du Lol est insupportable. Peut-être même pire que la dictature socialiste que nous subissons depuis cent cinquante ans, comme l'ont si bien remarqué les érudits antivax et autres clairvoyants militants de la Manif pour tous.

Le week-end se passe, le sketch stagne autour de quatre cent mille vues, tous supports confondus, pas de quoi faire un *bad buzz*. C'est mieux que d'habitude, mais on reste bien en dessous des vues cumulées par McFly et Carlito ou Squeezie, ces princes du mdr et du ptdr. Et surtout, aucun média n'en parle, aucun article ne le relaie, sauf Puremédias, à la renommée et l'impact confidentiels. Mais le dimanche je reçois un SMS de Gérald-Brice Viret, directeur des programmes de Canal+ qui m'écrit un énigmatique « On en parle... » avec le lien du site en question qui évoque *L'Heure des Pronos*. Je lui réponds, avec un smiley pour faire jeune, que c'est tant mieux ! L'article est sympa et montre qu'il y a une bonne ambiance dans le groupe, qu'on peut rire tous ensemble. C'est ça Canal, quoi ! Il ne me répond pas. Comme par hasard… Le soir même, à 20 h 50 sur France 2, il y a un film avec Pascal Elbé et Jean Dujardin… Comme par hasard… J'allume la radio, une chanson de Francky Vincent ambiance les ondes… Comme par hasard… J'ouvre Instagram et c'est un déluge de selfies de Géraldine Nakache qui inonde ma page d'accueil. Comme par hasard… Je rallume la télé et, sur M6, un magazine évoque le parcours professionnel de *golden boys* qui ont tout perdu en quelques jours. Comme par hasard… À bout de souffle, je zappe sur France 5 et tombe sur un documentaire animalier qui suit une tribu de chimpanzés qui passent leur temps à rigoler, s'embrouiller et s'enculer. Comme par hasard… Je dors mal. J'aime ma chaîne, j'aime sa direction, j'adore sa compta, mais force est de constater que tout cela ne sent définitivement pas très bon.

Lundi 23 novembre 2020, 10 h 43. Je me balade tranquillement dans un jardin public parisien, grand comme un F2, quand le directeur des programmes de Canal+, Gérald-Brice Viret, le susnommé, m'annonce au combiné sans fil : « Sébastien, le sketch sur Pascal Praud pose vraiment question… Je ne peux pas te garder à l'antenne. »

MOI

– Tu plaisantes ? C'est une caméra cachée ? Tu veux te faire un mec d'Action Discrète, c'est ça ?

GÉGÉ

– Non, Sébastien, c'est la vérité, je ne peux pas te garder à l'antenne.

MOI

– Attention, Gégé. Si c'est vrai, méfie-toi, ça va barder, je suis pas Franck Gastambide, moi.

GÉGÉ
– Sébastien, on t'aime beaucoup ici, alors pas de menace, je te prie.

MOI
– C'est bizarre, quand on aime beaucoup les gens, on les vire pas, on discute, on s'arrange, non ? Et puis il n'y a pas mort d'homme, à part la mienne peut-être.

GÉGÉ
– Écoute, ne parle de ton éviction à personne, promets-le-moi. Je t'envoie un chauffeur dans une heure, tu iras dans un endroit tenu secret pour arranger ça gentiment et respectueusement, fais-moi confiance. Ne t'inquiète pas, tout va bien se passer. Je t'embrasse super fort.

Et il raccroche. Je suis sous le choc, esseulé, vidé. Tel un barbecue sans charbon de bois, une *playlist* de mariage sans Claude François ou encore un restaurant italien sans panna cotta.

Je n'insulte pas le troisième cycliste de la matinée qui manque de me renverser alors que le feu était rouge, je fais même tomber mon cookie végétal et mon jus de fruits détox betterave-radis-coco-quinoa car je réalise que ça y est : c'en est terminé de mon CDD depuis vingt ans renouvelé.

Je n'ose pas prévenir mes proches, je continue à marcher seul, je n'entends plus rien, je ne vois plus grand-chose, je suis un zombie... Dans ma tête, tout mon parcours à Canal défile : *Le Vrai Journal*, la météo, *Action Discrète*, *Le Grand Journal*, *Le Journal du hard*, *Les Zozos migrateurs*, les fiches de salaire indécentes, les tickets-restau à sept euros... Tout à coup, une berline de marque allemande s'arrête et on me propose de monter. Je ne connais pas le conducteur mais je monte. Comme au bois de Boulogne. Et, comme par hasard, direction Boulogne.

SEB LE MYTHO

> ***« La question est de savoir si l'on donne au public quelque chose qui vise à le rendre plus heureux, ou quelque chose qui corresponde à la vérité du sujet. »***
>
> Stanley Kubrick (1928 - 1999)

La voiture, une Autolib' de toute beauté et en parfait état de marche, roule au pas en direction de ma fin de contrat. Il fait gris, c'est novembre, c'est Paris. Le chauffeur n'est guère loquace, à mes questions basiques (ça va ? c'est encore loin ? comment va ta mère ?), le bonhomme ne répond que par des hochements de tête. Nous traversons un Paris calme et silencieux car confiné, parce que covidé, donc vidé. L'autoradio branché sur une onde généraliste délivre des titres qui, cruelle ironie, collent parfaitement à mon statut et à mon état d'esprit du moment : *Voilà c'est fini* de Jean-Louis Aubert, *The end* des Doors, ou encore *Le Gambadou* de Patrick Sébastien. Nous arrivons rapidement à bon port : Boulogne, antre des sièges des différentes boîtes du groupe Canal. Une poignée de secondes plus tard, nous sommes devant l'entrée du parking du bâtiment de CNews, surplombée par un mirador. À l'intérieur de celui-ci, il y a Pascal Praud. J'aime bien le principe, Pascal fait déjà la pluie et le beau temps sur cette chaîne, autant qu'il gère aussi les entrées et les sorties. Tout sourire, il me souhaite la bienvenue et nous ouvre les portes. La voiture se gare au niveau moins deux, Pascal ouvre ma portière et me prend dans ses bras.

PASCAL PRAUD

– Comment il va mon Seb ?

MOI

– Bizarre... enfin tu sais, quoi.

PASCAL PRAUD

– Mais nan, ça va bien se passer. Tu vas adorer notre camp de base.

MOI

– Quel camp de base ? Celui de CNews ?

PASCAL PRAUD

– Mieux, celui du nouvel esprit Canal.

On prend l'ascenseur et on arrive au niveau zéro. Les portes rouvrent et, aussi anxieux qu'excité, je découvre un long couloir digne d'un château de la Renaissance avec tableaux et tapisseries à l'ancienne.

Pascal m'explique que nous sommes dans le couloir des talents du nouvel esprit Canal. Sont exposés les tableaux des personnalités mythiques de l'antenne. Il y a bien 95 % de comiques, l'humour restant le fleuron et le porte-drapeau du groupe.

Il n'a pas tort le bougre, il y a une bonne vingtaine de peintures représentant entre autres : Dominique Farrugia, Cyrille

Eldin, Manu Payet, Axelle Laffont, mais également des pointures comme Jean-Marc Morandini, Gilles Verdez, Élisabeth Lévy, Jean Messiha, Fabrice Di Vizio, Ivan Rioufol, Christine Kelly. Tous sont en costume d'époque, ils ont fière allure. Je lui fais quand même remarquer que…

> **MOI**
> – C'est marrant, je n'y suis pas.
>
> **PASCAL PRAUD**
> – Crois-moi, c'est encore plus beau qu'une aquarelle ce qui t'attend.

Au bout de ce couloir, on tombe sur une pièce immense qui semble faire office de cafétéria comme de salle de réunion. Et il y a de l'animation. Éric Zemmour tient un colloque avec Jamel Debbouze et quelques stand-uppers issus du Jamel Comedy Club et de Clique TV sur le thème « Comment faire rire les vrais Français ? » Ces comiques, d'habitude si réfractaires à toute autorité ou prise de conscience, semblent boire ses paroles… Ça fait plaisir. Près du comptoir, Cyril Hanouna se détend avant d'enregistrer sa cinquième émission de la journée avec un militant antivax débridé et une influenceuse déprimée. Accompagné de Yannick Bolloré et Valérie Bénaïm, hilares, il se lance dans une partie endiablée de chamboule-tout. Sur les boîtes de conserve qui volent, je distingue les visages de Yann Barthès et Arthur ou encore Camille Combal et Bernard Arnault. Lové dans des canapés, Jonathan Cohen, toujours aussi cool, parle placement de produits avec des amis connus (c'est fou le nombre d'amis connus qu'il a) pendant que Franck Gastambide répète des cascades avec des nains (c'est fou le nombre d'amis nains qu'il a). Sur la terrasse extérieure, Antoine de Caunes affronte Éric Naulleau au *Puissance 4*, la partie étant arbitrée par Mathieu Delormeau pendant qu'Élisabeth Lévy trinque au champagne (et au rouge, au blanc, à la limonade, etc) avec les Grolandais Benoît Delépine et Francis Kuntz. Juste derrière eux, et dans une ravissante légèreté, Jean-Marc Morandini anime un atelier TikTok avec les stagiaires lycéens de son émission et des prêtres, sous l'œil amusé du directeur des programmes Gérald-Brice Viret qui m'envoie un cœur avec les doigts en m'apercevant. Des jeunes, des vieux, des très jeunes qui rigolent, des gens différents mais complices qui développent des projets communs, d'autres qui picolent et qui dansent en slip... Si c'est pas ça l'esprit Canal !

Franchement, l'ambiance est super sympa, à mille lieues de ce que j'ai connu au sein de la chaîne pendant dix-sept ans, à de rares exceptions près, comme lors des fêtes d'anniversaires de Marc Dorcel et autre Bruno Gaccio. On sent tout le monde épanoui et uni, comme une famille. La famille Canal, la vraie ! Pas la fausse des années 1990 et 2000, fantasmée à l'époque par quelques journalistes médias parisianistes. Petit bémol cependant : je suis constamment suivi par un type avec une oreillette qui semble « surveiller » le bon déroulement des opérations. S'il a plus le physique d'un sympathique contrôleur SNCF à quelques jours de la retraite que d'un solide garde du corps tchétchène, il en impose. La preuve, quand il passe devant Marina Foïs et Blanche Gardin qui sont en train d'écrire les blagues de la prochaine cérémonie des césars (présentée par Mme Foïs), ces dernières baissent le regard et raturent leurs textes. Du coup, je me demande qui est cet homme : le trésorier de la SACEM ? Le dir' com' de L'Oréal ? Il s'agit en fait du patron du dancing puisque c'est Serge Nedjar, le boss de CNews. Nedjar, qu'on accusait de tous les maux lors de la grève à I-Télé (ancien CNews) en 2016. Certaines mauvaises langues affirmant même qu'il était à deux doigts de se bagarrer aves les grévistes qui avaient le tort de faire grève. Les mêmes rats d'égout qui osent encore insinuer que Pascal Praud balançait à la direction les grévistes anonymes. N'importe quoi ? ! Une chose est sûre, ce n'est pas ce Serge qui a mal pris notre sketch parodique et décidé de mon éviction car, en le voyant tourner dans la salle, je vois surtout un visionnaire qui sait mobiliser ses équipes dans le cadre d'une mission noble et divine : sauver et faire perdurer la troisième merveille du monde française, après la tour Eiffel et la rue de la Soif à Rennes : l'esprit Canal. Et si CNews voulait en fait dire « Canal New » : le Nouveau Canal ? Synergie des chaînes du groupe, mutualisation des talents, ça sent bon… Je me pose mille et une questions : pourquoi n'ai-je jamais eu connaissance de ce magnifique endroit ? Comment faire pour avoir son rond de serviette ? Où est Hervé Mathoux ? J'ai par-dessus tout envie de rester et festoyer avec mes collègues, oubliant même que deux heures plus tôt la direction de la chaîne comptait se séparer violemment de moi. Mais c'est à ce moment-là que Pascal m'invite à quitter la pièce.

PASCAL PRAUD

– Il est temps que tu le voies.

MOI

– Qui ça ? L'esprit canal ? Mais il est devant moi.

PASCAL PRAUD

– Mieux, le « Saint-Esprit Canal ».

Hallucinant. Mais de qui parle-t-il ? Pierre Lescure ? Pierre Ménès ? Nous quittons la cafète et entrons dans une petite salle blanche. Une musique sacrée résonne entre ces murs, c'est l'*Alléluia*. Au milieu trône un isoloir clos en bois, comme un confessionnal. Seule différence, la croix juchée sur le toit de la structure en bois scintille et se rapproche davantage du + de Canal+ que du symbole religieux. Quant au Christ sur cette dernière, il n'a pas les traits de Jésus mais d'Alex Lutz. Je laisse derrière moi le sourire sincère de Pascal et, d'un pas hésitant, pénètre dans l'isoloir. Je tombe sur un banc recouvert d'un coussinet sur lequel je m'agenouille. Face à moi, un rideau. J'attends, immobile. Lorsque la dernière note de l'*Alléluia* retentit, le rideau se lève et il est là. En soutane blanche et coiffé d'une mitre sur laquelle un « CANAL » se dresse au-dessus d'une croix. Je n'en reviens pas. C'est lui. C'est donc vrai. C'est Vincent Bolloré.

VINCENT BOLLORÉ

– Bonjour, mon fils.

MOI (tétanisé)

– Bonjour, patron.

VINCENT BOLLORÉ

– Je t'en prie, appelle moi papa. Bon, Sébastien, tu le sais, tu as pêché.

MOI

– Ça va, c'était y a trente ans en colo ! J'avais treize ans, elles en avaient soixante, c'est plutôt elles qui...

VB

– Je te parle du sketch *L'Heure des pronos*.

MOI

– Je l'ai dit à tes assistants, c'est qu'un sketch, papa, enfin...

VB

– Non. Tu as blasphémé CNews donc Canal+, tu as offensé tes camarades de bureau, tu as injurié une émission phare que j'ai enfantée et, par la même occasion, l'ensemble du groupe Canal. Un groupe qui t'a toujours aimé, protégé, maintenu en CDD... Alors, pour clôturer et oublier ce triste incident, tu vas me réciter quarante *Je vous salue, Marie*.

MOI

– Pardon ?

VB

– Je te pardonne, c'est bon. Mais je veux que tu me récites tout de suite quarante *Je vous salue, Marie*. *Je vous salue, Marie Portolano* même, ça fera plaisir à ta collègue.

MOI

– Euh ?

VB

– Allez, allez...

MOI

– Mais...

VB

– Mais non, je plaisante !! Oh, je t'ai bien eu, le clown !

MOI

– J'ai flippé, je me suis dit que tu devenais fou.

VB

– Moi fou ? Enfin, ça se saurait. En revanche, je vais faire un truc de fou avec toi !
– Primo, je te vire.

MOI

– Quoi ??

VB

– Mais, ducon... pardon, fiston, je te vire pour de faux ! Et tout ça reste entre nous parce qu'on va monter le plus beau des canulars. Ensemble, on va faire le sketch le plus drôle de l'histoire.

MOI (revigoré)

– Super, je fais quoi ?

VB

– Toi, tu fais rien. Tu prends un chèque et tu la fermes pendant un an. J'ai tout organisé : demain, la chaîne confirme que ton sketch est inexcusable et officialise ton licenciement. Et j'enchaîne : je vire tous les collègues de la chaîne qui te défendent, quelques semaines plus tard, je lance une campagne d'affichage qui défend la liberté d'expression sur Canal et CNews. Il est pas beau, le foutage de gueule ?

MOI

– Il est super beau !

VB

– Je poursuis sur le plan politique : je double la durée des émissions de Pascal Praud. Jean Messiha et tous les lepénistes deviennent les chroniqueurs vedettes de CNews. Je finance la campagne d'Éric Zemmour, et si on me demande, je nierai et je dirai que je ne l'ai vu qu'une fois, et de dos. S'il le faut, je mets Marion Maréchal à la météo... Y a plein de de belles choses à faire. Tiens, le cardinal Barbarin qui est un copain, je lui filerai bien un programme pour la jeunesse, type *Petit Ours Brun*.

MOI

– Attention, je crois qu'on le surnomme « Tonton Zizi » dans son village.

VB

– T'as raison, c'est peut-être too much... Je vais lui donner l'antenne de CNews le week-end à lui et ses collègues, puis diffuser sur C8 un film qui critique l'avortement. Ça c'est marrant, non ?

MOI

– Ah, ça oui, on va rire.

VB

– Tu connais, plus c'est gros plus ça passe, comme dans *Action Discrète*. D'ailleurs, je ne sais pas si je te l'ai dit mais vous êtes des génies. Votre fausse pub là « Toniglandyl » c'est excellent !

MOI

– C'est pas nous ce sketch, papa. C'est Les Nuls.

VB

– Ah bon ? En tout cas, la blague que nous allons faire est inédite et exceptionnelle : un canular sur plusieurs mois, où je fais croire que Canal licencie des comiques pour un sketch, que CNews roule pour l'extrême droite et les intégristes catholiques, que je soutiens Zemmour etc.

MOI

– Mais c'est pas un peu vrai ?

VB

– Mais c'est tout l'inverse ! Moi, mon petit

bonheur du soir, c'est fumer la chicha en regardant un sketch de Michel Leeb ou d'Omar Sy. Mais pour les gens je suis le vilain patron, le milliardaire sans cœur, le méchant Vincent ! Alors que les autres Vincent, ceux du spectacle, les Vincent Lindon, Vincent Cassel, Vincent Lagaf', Vincent Mac Doom, eux, ils brillent et font rêver les Français. Un jour, petit, j'en ai eu assez, c'est pour ça que j'ai racheté Canal. Pour montrer que je suis un mec sympa et rigolo, un artiste en somme. Maintenant je vais prouver que l'esprit Canal c'est moi.

MOI

– Et ça finit comment ?

VB

– Dans quelques mois, on désamorce, on révèle la supercherie et tout le monde est mort de rire. Pour te remercier, je finance ton film, je te donne l'animation des césars en 2023... Je t'offre même la marionnette de Chirac aux Guignols si elle est pas à la Déchèterie ! Alors tu me suis ?

MOI

– Oh oui, papa.

VB

– T'es un génie. Allez, fest-noz !

Vincent me sort illico du confessionnal. Dehors, c'est la folie ! Tous mes camarades de la chaîne sont là, habillés en costume traditionnel breton et m'applaudissent. Sur un air de ce formidable instrument qu'est le biniou, la farandole des talents Canal se met à danser autour de moi sous les hourras : le moment est fabuleux, je me prête volontiers au jeu et le délire semble sans limites : Élisabeth Lévy me fait boire du cidre au sein, je joue à saute-mouton avec Mouloud Achour, Gilles Verdez me roule une pelle, Kyan Khojandi se branle dans une cagoule d'Action Discrète et m'éjacule dans le dos, puis c'est Cyril Hanouna qui m'invite dans une chenille mémorable dans laquelle je distingue les anciens présidents camerounais et français : Paul Biya et Nicolas Sarkozy ainsi qu'Éric Zemmour, le cardinal Barbarin et Bernard Montiel. C'est dingue, je ne suis pas viré, je vais participer à la plus incroyable des caméras cachées et mon papa c'est Vincent Bolloré ! Je ne sais plus où donner de la tête. Et alors que la musique bat son plein, que la salle est toujours en ébullition et que je danse un balajo avec Pascal Praud et une capoeira avec Ramzy Bedia et Jean Messiha, Serge Nedjar m'attrape par l'épaule et me sort du manège par une porte dérobée.

Je me retrouve dans la rue. Plus personne, plus un bruit, plus un confetti. Je suis en passé en deux secondes de la *pool party* de Kanye West à une séance de dédicace du nouvel album de Patricia Kaas. Mais, pas con le bouffon, j'ai compris : le canular a déjà commencé, alors on s'emballe pas, on reste discret et concentré, on fait la fête, mais aussi sec on se met au boulot et on reste calme et focus. Je m'assois sur le trottoir pour reprendre mes esprits.

C'est tout bonnement un des plus beaux jours de ma vie (avec la fois où j'ai appris qu'ils n'oseraient pas sortir un nouvel opus du *Cœur des hommes* au cinéma). Je ne suis pas totalement surpris, il était évident que j'allais rencontrer un jour « papa » et qu'il ne me décevrait pas. Je savais bien, depuis cette belle soirée de novembre 2015 à l'Olympia (c'est dans le chapitre « Bolloré, un nouvel espoir », faites un effort de mémoire, allez !), que j'avais tout à gagner en fréquentant un type d'une telle classe et d'une telle audace.

Oubliées les peurs et les inquiétudes, je ne suis pas mort, et Canal encore moins. Et, avec la petite sœur CNews au volant, c'est même devenu plus beau, plus grand. J'étais au trente-sixième dessous il y a une heure, je suis désormais sur le toit du monde et je n'ai qu'une envie : que le spectacle commence. Que la vie commence.

LE CON, LA PUTE ET LE TRUAND

« Il y a trop de comiques... et pas assez de plombiers ! »

Auteur inconnu (mais décédé)

L'odyssée drolatique commence sur les chapeaux de roues, pardon, sur les chapeaux ronds, rapport à mon nouvel ami breton. De mon côté, je ne parle pas à la presse, je ne poste aucun message sur les réseaux sociaux, je ne mets personne dans la confidence. De l'autre, et dès le mois de décembre, les blagues se succèdent comme prévu. C'est magique ! Dans la foulée de ma pseudo-éviction, les rares collègues du music-hall qui manifestent publiquement leur solidarité à mon égard sont virés sur-le-champ. Ce ne sont pas les artistes engagés et téméraires du cinéma ou du stand-up, rassurez-vous, à part les potos Marc-Antoine Le Bret, Chicandier, et Stéphane Guy, un copain journaliste sportif et un historique de la chaîne. Ce dernier profite d'un match de football qu'il commente pour balancer à l'antenne « Je salue l'ami Thoen qui n'a peut-être pas eu la sortie qu'il aurait méritée... » Il ajoute même : « Comme disait Coluche, le père fondateur de notre belle chaîne, il faut se méfier des comiques parce que quelques fois ils disent des choses pour plaisanter. » Viré trois jours après, la veille de Noël. Et *bim*, dans ton cul la bûche ! Des salariés du service des sports lancent une pétition pour me défendre ! La direction affirme en retour qu'elle va se séparer de tous les horribles signataires ! Et *bam* dans ta bouche l'intermitteux ! Une rumeur court disant qu'Omar Sy a fait quelques remarques à mon sujet en privé face à des sous-boss de Canal, que c'est remonté jusqu'à Bollo qui les a vite recadrés lui et son agent ! Et *boum* dans ta face Jurassic Park 9 ! Je bois du petit-lait parce que je sais que rien n'est grave puisque tout est bidon. Tous sont dans la combine, sauf le quidam et la presse qui ne saisissent rien de la magnifique entourloupe.

Entre-temps, rien à voir avec mon affaire, Vincent et ses collègues prouvent qu'ils tiennent vraiment à s'amuser et à amuser puisqu'une pub censée promouvoir l'abonnement à la chaîne cryptée inonde les écrans. Son titre : « C'est quoi les codes ? » On y voit des acteurs et des actrices qui jouent leur propre rôle et qui sont visiblement dans le besoin puisqu'ils se grattent les codes Canal entre eux pour avoir la chaîne gratos. On a ainsi Kad Merad et Jonathan Cohen – probablement en faillite personnelle mais installés dans un loft – demander à Marina Foïs ses codes pour pouvoir mater la Formule 1 et le dernier film de Michèle Laroque. Marina, toujours intègre, les envoie paître et Mathieu Kassovitz, toujours rebelle, botte en touche. La pub se termine avec un Jamel Debbouze déboussolé qui appelle Isabelle Adjani en carafe. Isa s'énerve et contacte directement un certain Maxime, apparemment boss de la chaîne, qui n'a pas d'abonnement lui-même, mais sa mère si ! Mais la vieille ne lâche rien ! Oh là là ! Et tout cela est censé convaincre les gilets jaunes de payer, eux, leur abonnement à Canal pour ne pas connaître la même minute d'angoisse que leurs célébrités préférées. La blague dans la blague avec un message qui se moque de lui-même avec une autre blague... Brillant.

Merci, les gars, il me faut au moins ça pour me motiver à ne rien dire autour de moi. Entre les journalistes qui me harcèlent pour casser du sucre sur Bollo et mes proches qui se demandent pourquoi j'ai l'air si serein malgré mon licenciement, ce n'est pas simple de garder le silence et son sang-froid, même pour la bonne cause. Mais, comme d'habitude en Occident, c'est l'argent qui met du baume au cœur. Fin janvier, je reçois un virement bancaire improbable émanant d'une banque togolaise. Je ne comprends pas sur l'instant. J'ai bien des amis noirs, mais cela ne peut être eux puisque, je le sais, ils sont au Crédit Mutuel de Vélizy. Et, dans la demi-heure qui suit, je reçois sur ma boîte mail ultra-privée un curieux courriel. Celui-ci :

> De : bolloréduplombier@caramail.com
> À : teckthoenik@libertysurf.fr
>
> Mon fils. Je pense à toi, je fais un peu de shopping en Afrique. J'espère t'y emmener un jour car, comme chantait Michel Sardou : l'Afrique c'est chic !
>
> Notre blague se met tranquillement en place, continuons ainsi, et discrètement ;-)
>
> Je t'embrasse fort,
> Papa

Ce n'est pas Sardou mais le groupe Chic et pas *L'Afrique* mais *Le Freak*. Ce n'est pas un message de Bollo, je ne reconnais pas son adresse informatique et nous nous sommes promis de ne communiquer que par tierce personne ou pigeon voyageur. Je ne fais aussi aucun lien entre lui et le virement bancaire. Une banque bretonne admettons, mais togolaise ? Impossible. Pourtant ce chèque fait du bien car, en bon Français, je me dois de bien bouffer et un peu épargner. La fortune ce sera pour plus tard… Mais la gloire ? Eh bien, ironie du sort, ce pourrait être pour tout de suite, *L'Heure des pronos* explose en nombre de vues et les articles de presse me concernant avec Tout le monde se prend d'affection pour notre pastille sur Winamax qui devient le sketch de l'année, et les médias de tout bord en profitent pour tirer à boulets rouges sur « Bollo » et Pascal Praud qui aurait paraît-il demandé ma tête suite au sketch. On n'a jamais autant parlé de moi et c'est pas près de s'arrêter car, avec le succès de *L'Heure des pronos* couplé au canular de Bollo, je suis pas à l'abri de faire coup double (sketch de l'année + sketch du siècle ! Allez !) À en croire Twitter, je serais le martyr de l'esprit Canal ! S'ils savaient ces cons…

En parlant de cons justement, parallèlement au *buzz* média suscité par mon « affaire », la vraie vie avec les vraies gens devient un peu compliquée. Je ne compte plus le nombre de fois où je croise dans la rue un abruti qui me dit « Mais quel connard ce Bolloré, il a honte de rien ce mec ? ! » Pire, alors que je flâne chez Princesse tam tam, je suis à deux doigts d'en venir aux mains avec une octogénaire qui a l'outrecuidance de me balancer : « Alors autant Bolloré je savais que c'était une crotte, mais alors Pascal Praud, je tombe des nues. » Vieille peau va… Sans parler des taxis, des Uber et des livreurs qui, à ma vue, relèvent la vitre de leur portière et hurlent « courage camarade ! » le poing levé, en souriant comme si j'étais le Che Guevara du Lol. Je ne peux décemment pas me plaindre car, dans le passé, ces mêmes énergumènes ne levaient pas le poing en m'apercevant mais la main en mimant le geste de la masturbation, rapport au *Journal du hard*. Guère plus honorable !

Mais la situation est tellement dure, psychologiquement, je ne peux rien dire, je ne dois rien dire. Ce n'est pas une caméra cachée d'Action Discrète qui dure deux heures et puis on rentre sa fausse moustache et on retourne à la normalité. Là, il faut tenir, je ne dois rien exprimer même dans le privé, alors qu'on insulte l'humour… et papa ! Et justement, papa, où t'es ??

On est en mars et je n'ai plus aucun message de lui, ni des cousins, ni des neveux, personne de la famille Canal ne s'adresse à moi. Michel Denisot ou Yann Barthès, je comprends qu'ils s'en foutent, mais Jonathan Cohen par exemple ? Jonathan, un copain, qui met toujours un joli message sur Instagram quand un « people » disparaît. Eh ben là, il se passe quoi avec moi, Jo ? Et Cyril Hanouna, le mec le plus honnête et le plus courageux de la télé qui n'évoque jamais mon dossier dans TPMP, sa magnifique émission de débat qui fait tellement de bien à la France et aux Français. Mais, suis-je bête, ils sont eux aussi acteurs de la blague, et tant mieux pour sa réussite s'ils restent silencieux. Quant aux gens de la rue, ils ne peuvent pas savoir, ils ne peuvent pas imaginer une seconde qu'ils ont devant eux le plus drôle des complots, même si, depuis qu'ils ont le wi-fi, ils en voient partout. Heureusement, quelques semaines plus tard, l'espoir renaît. Visiblement pressée par la vindicte populaire qui hallucine sur les différents épisodes de l'affaire, la direction envoie Gégé-Brice Viret calmer la révolte qui gronde sur les ondes d'Europe 1 (future acquisition du groupe Canal) dans l'émission de Philippe Vandel (ancien conquistador du groupe Canal). Gégé affirme que mon licenciement serait lié à… la présence de Kazar dans le sketch !? Selon lui, Kazar désormais pensionnaire de RMC, passe son temps à dénigrer Canal+, donc si je m' affiche avec lui dans une vidéo, c'est que je pense comme lui et que je mérite ce qui m'arrive. CQFD ? La vérité, c'est que Kazar a souligné l'incompétence d'un patron des sports de Canal il y a six mois sur un blog de supporters des Girondins de Bordeaux, lu par neuf personnes, dont le rédacteur en chef du site et sa nièce. Je sais, la manœuvre semble misérable de prime abord, mais Gégé est parfaitement à l'aise sur le plateau et Vandel ne rebondit pas. Alors, bien sûr, ça ne convainc personne et les commentaires sur Internet comme la presse sont terribles pour l'ami Gégé, mais ça ne relance pas non plus la machine à *bad buzz*. J'envoie un message à Bollo pour lui dire de quand même faire gaffe, il ne faudrait pas faire la blague de trop qui siphonne, à terme, notre canular géant. Ou alors, si ! Tentons le tout pour le tout pour rigoler et voir si ça passe : renvoie Gégé sur Europe 1 pour qu'il ajoute qu'un mardi en 2008 on m'aurait aperçu dans le même magasin Picard Surgelés que Nordahl Lelandais ? Mais il nc répond pas, il a bien mieux à faire.

Chose promise, chose due, au printemps, pour fêter l'arrivée des beaux jours, il lance l'incroyable campagne de CNews sur la liberté d'expression. Putain, ils ont mis le paquet, les affiches sont partout et les messages sont saisissants : « Pourquoi faudrait-il qu'on soit tous d'accord ? », « La liberté d'expression est-elle une espèce en voie de disparition ? » Je reçois une tonne de SMS d'amis qui n'en reviennent pas du cynisme de la démarche, plusieurs journalistes me demandent si je ne suis pas choqué par cette campagne quelques mois après mon éviction... Ben si, Jean-Louis ! Et bien sûr que non, pauv' con ! C'est super, le calendrier des pièges est de nouveau respecté, Bollo est quelqu'un de confiance et la blague creuse son sillon. Je me sens tellement privilégié de vivre une telle expérience, c'est si rare dans la carrière d'un artiste. Parce qu'il y aura toujours de beaux films, de belles peintures, de bons disques, de jolis cendriers en terre cuite, mais une œuvre d'une telle envergure et d'une telle force qui marque durablement l'histoire, rarement. Et à mon âge – quarante-quatre ans – c'est inespéré, une telle aventure, ça te relance une carrière, ça te la lance même !

À côté de ça, vers le mois de mai, mon image de martyr de l'humour me permet de rentrer en contact avec Laurent Ruquier. Cela fait bien six mois qu'il me propose de venir dans ses émissions sur France Télévision pour témoigner de mon prétendu « calvaire ». Englué de bon cœur avec Canal, je refuse toute invitation, mais je le remercie pour l'attention et lui place au débotté « Tu animes *Les Grosses Têtes* ? J'aimerais bien en être, et pas seulement pour faire plaisir à ma mère ! » Ni une ni deux, il me propose de venir dans les mythiques « GT » fin juin pour faire un test grandeur nature. Je n'ai rien à perdre, alors j'accepte. Sur place, je m'invente un personnage de grande gueule cynique et ordurier, à mille lieues de ce que je suis dans la vraie vie : un type posé et nuancé qui aime boire de la verveine au coin du feu en feuilletant *Sudoku Magazine* ou *Mein Kampf*. Mais je m'en fous, je ne suis que de passage et ça plaît beaucoup au patron et pas mal au public, donc ! Et, très franchement, Laurent Ruquier, pour quelqu'un de médiatique, est vraiment un chic type. Rigolard, généreux, bienveillant, enjoué, hétéro refoulé, il maîtrise d'une main de maître le programme culte qui cartonne toujours à la radio, comme à la télé, et je ne dis pas ça seulement parce que je suis bien payé. C'est tout de même dommage, je suis en train de m'installer dans cette émission incontournable, dernier îlot de la liberté d'expression médiatique alors que, bientôt, je la délaisserai pour retourner à Canal, comme un seigneur, auréolé du statut d'acteur de la meilleure imposture de tous les temps.

Ah, la vie est dégueulasse et moi le premier et, toujours professionnel, je ne baisse pas la garde : dans la rue, au bistrot, chez l'armurier, aucun commentaire sur mon éviction et, parfois même, une petite posture putassière de victime du méchant grand patron qui n'aime pas les chansonniers et autres cracheurs de feu. Quand ton œuvre rejoint ton existence, quand ton art devient ta vie, on peut parler d'artiste total, non ? Et c'est incroyablement jubilatoire à vivre. Mais c'est stressant et pesant, car l'été 2021 s'est depuis longtemps achevé, l'automne a plus que commencé et je n'ai toujours aucune nouvelle de Bolloré, ni bonnes ni mauvaises, et tout le monde croit encore à mon affaire au premier degré. Mouais, c'est chaud et ça fait plus d'un an que la blague a commencé... Un an que je tiens le coup, que je joue le jeu, que je ris sous cape, que je cache la vérité à tout le monde et en particulier à ma famille, que j'entends et lis des horreurs sur mon autre famille, celle de Canal.

Un an, vraiment ? Attendez, on va recompter ensemble : le déclenchement de la plaisanterie c'est le sketch sur Winamax qui est sorti sur le Net autour du 20 novembre 2020. Donc 20 novembre, 20 décembre, bon je ne compte pas l'anniversaire de Jésus, le réveillon et le bêtisier de fin d'année sur TF1. Février ? il y a vingt-huit jours mais, entre les vacances scolaires et la chandeleur, les gens sont occupés. 20 mars, 1er avril (rien, pas même une allusion, bizarre quand même), 20 avril, 20 mai et tac tac tac et 4 + 8 qui fait 12 + 35 qui fait 57 x 8 qui fait 456. 456 + 8 = 464. 27 x 12 = 324. 324 + 155

= 479. 479 auquel j'ôte 456, ça fait 23 ! Eh oui, on est déjà le 23 novembre, donc ça fait un an et trois jours même. C'est pas possible, papa a promis pourtant ! Allez, ça devrait pas tarder là. On avait dit un an... Faut pas que ça dure plus longtemps, sinon les gens vont finir par oublier. Pour me rassurer, j'envoie un SMS à Bollo. Aucune réponse. J'envoie alors un SMS à son directeur artistique, Cyril Hanouna, qui me répond aussi sec « Bouge pas, frérot, j'arrive ». Surpris, je lui rétorque « Mais tu sais même pas où je suis ? ! » Aucune réponse, ni en mode darka, pas même en mode rassrah. J'ai confiance, ces gens-là ne mentent jamais, mais je suis un peu inquiet. On est alors mi-décembre et, comme tous les ans, je me balade devant les vitrines de Noël des grands magasins. Mais ces dernières ne remontent guère mon moral : des grosses peluches vilaines font du trapèze sur des musiques niaises et des éclairages vulgaires... Où est passée la sublime vitrine Lego avec ses deux mille figurines et ses constructions pharaoniques ? Et le grandiloquent circuit de train miniature Jouef avec sa pelouse synthétique plus verte que nature, son train de marchandises majestueux et son tunnel sans fin qui fait penser à l'origine du monde ? Et la famille Barbie dans son camping-car géant avec Ken au volant, ce père de famille idéal, tellement mignon qu'il en ferait même bander Gérard Darmon ? Tristesse... Alors c'est ça le monde d'après ? C'est cela qu'on va laisser à nos enfants ? Heureusement, certaines scènes me redonnent le sourire : cet intermittent du spectacle dans son costume de Père Noël qui n'en peut plus de tous ces gosses qui lui hurlent dessus... Ce clandestin sri lankais et ses marrons chauds qui n'en peut plus de tous ces flics qui lui courent après...

Mais début 2022, sursaut d'espérance ! Vincent Bolloré est

convoqué au Sénat, avec d'autres grands patrons du secteur, pour parler « concentration et indépendance des médias ». Le sénateur David Assouline lui demande s'il a un souci avec les comiques et les critiques et s'il est responsable de mon éviction. Aïe ? Mais l'insolent ne s'arrête pas à ces deux questions, il enchaîne sur la concurrence avec Netflix et Amazon, les droits du football, les problèmes avec sa belle-mère, etc. Bollo, facile, esquive le passage me concernant et se lance tranquillement et sereinement dans un discours patriote de haute volée où il explique que Canal est tout petit, mais que c'est de son devoir d'entrepreneur national et de citoyen français de défendre cette magnifique entreprise hexagonale dans cette économie mondialisée, cannibale et sans cœur. Joli. Et quand un autre sénateur, un peu plus fin stratège, aborde le sujet qui fâche : la présence soutenue d'Éric Zemmour et tous ses petits copains de l'amicale pétainiste sur CNews (NDLA : Mediapart vient en plus de révéler qu'un membre de la famille Bolloré, répondant au doux prénom de Chantal, finance la campagne présidentielle du Gargamel de l'extrême droite). Ouille ? Papa Bollo, droit dans ses bottes, affirme qu'il ne fait pas de politique, qu'il n'a rencontré qu'une fois le Zemmour et que CNews n'est pas une chaîne d'opinion et quand on lui parle de censure, il évoque de nouveau la présence de ses oncles sur les plages normandes en 44. Il est vraiment balèze et les sénateurs encaissent sans sourciller. Quant au Zemmour, il dira dans *Le Monde* que Bollo est un formidable patriote qui défend la France. Ah, cette dinde ne capte rien en fait, je commence à douter de sa capacité à diriger le pays. Mais bon, au diable la politique! La bonne nouvelle c'est que, même si le plan prend un peu plus de temps, il se déroule comme prévu, et certains sénateurs sont peut-être de mèche !

Alléluia ! je renais et n'en reviens toujours pas : quel canular de dingue, quel génie ce Bollo, merci, papa, j'y crois encore une fois, et puis.... Et puis... Et puis... ET PUIS...................... Rien................ Rien.......... Plus rien... Mais alors, rien... Rien de chez rien... Absolument rien ! Pas une annonce, pas un rendez-vous, pas un courriel, pas un SMS, pas un bouquet de fleurs, pas une boîte de Mon Chéri, nada ! Peanuts ! Nardine ! On est à l'été 2022, je tente de contacter Bollo, Franki et des sous-boss mais, à chaque fois, ils sont sur répondeur automatique. Je me rends au siège de Canal+, il a déménagé. Authentique ! Je croise Pascal Praud chez RTL, il boude. Véridique. Toute la France pense que je me suis bien fait virer, mais bon sang où est passée ma famille ? Où en est notre fantastique canular ? Un an et demi que la blague géante a commencé, rien n'a bougé. Alors on m'aurait menti ? Autant j'adore les films *The Game* et *Usual Suspect*, autant là j'ai l'effroyable sensation de participer à un remake du *Dîner de cons* et, manque de pot, je crois que c'est moi qui interprète François Pignon. Tenez, en parlant de con, depuis un mois, il y a un type d'environ soixante ans que je n'ai jamais vu de ma vie mais qui, à chaque fois qu'il me croise, me saute au cou pour me raconter une blague salace. Y a trois jours, je suis avec ma femme et mon beau-père chez le caviste, ce con arrive en courant, se pose entre moi et les bouteilles de pic-saint-loup et me balance ceci :

> **LE CON**
>
> – Hééééé, Seb, ça va ? Tu sais quel est l'animal qui ressemble le plus à une femme ?
>
> **MOI**
>
> – Je ne vois pas.

LE CON

– La grenouille ! Toujours à quatre pattes, les jambes écartées, le cul mouillé et à ouvrir sa gueule. Allez, salut, bonne journée.

Et il s'en va en sprintant, mort de rire. Bon, si j'étais avec les collègues à la pétanque, je dis pas, mais là, dans mon quartier bourgeois avec amoureuse et beaux-parents, non ! Je l'ai bien croisé trois, quatre fois récemment, à se demander s'il ne fait pas partie du piège lui aussi, en un énième tour de passe-passe de Bollo. Conséquence de mon spleen grandissant, immanquablement, très vite, c'est toute ma vie qui est chamboulée, ou plutôt tout mon vice. Mon humour poil à gratter aux frontières du bon goût mais si souvent bon enfant et de qualité s'est définitivement transformé en ouragan de frustration et de méchanceté. Aux *Grosses Têtes*, à chaque émission désormais, je conspue copieusement et gratuitement toutes les idoles des Françaises et des Français : Pierre Niney, Les Trois Cafés Gourmands, Ary Abittan, Guillaume Canet, Alessandra Sublet, les Portugais, les faux gays (oui, je vous le garantis, Steevy Boulay et Jeanfi Janssens sont des mythos, des salauds d'hétéros, ils mentent pour faire « branché et stylé »). Tous ces gens qui font rêver les autres gens, moi le premier, et je me permets de les souiller… Mais dans quelle misère suis-je tombé ? Alors que j'aimerais tellement être l'un d'eux, avoir leur talent, leur modestie, leur mentalité, leur capillarité. Choquer, buzzer, vexer est devenu ma sainte trinité et, plus grave, je suis même rémunéré ! C'est quoi cette société ? ! Mais c'est parce que je vis la plus terrible des désillusions, tout seul dans mon coin, amer et avachi.

Même dans les soirées c'est invivable. Là où je fus jadis le prince du dance-floor et le roi de la déconne au bar, je ne suis plus que l'ombre de moi-même. Hier soir, j'étais chez un ami qui organisait une petite sauterie. Vers minuit et 32 minutes, le disc-jockey a l'idée saugrenue de mixer la fin de *Belinda* de Claude François avec le début de *Maniac* de Michael Sembello... L'inconscient... Mais ça marche ! La piste de danse explose et forcément, moi, je suis au milieu dans mon habit de lumière multipliant les grands écarts pendant que les gens hurlent mon nom ? Fariboles ! Ce soir-là, je reste sur le côté et tape timidement des mains pour donner l'illusion que je m'amuse et que je soutiens l'extase collective. Pire, quelques minutes plus tard, je croise Éric Toledano et Olivier Nakache, les rois du cinéma français, devant le buffet à volonté. Légèrement ivre, je leur balance : « Hé, les gars, j'ai vu votre série *En thérapie*, c'est pas mal. Mais vous voulez pas faire *En trithérapie* avec des malades du sida, heu ? Hahahaha. » Rire gras et grosse bouche ouverte de circonstance. Les deux réalisateurs ainsi que les quelques présents sourient poliment, mais je me retrouve très vite tout seul devant la timbale à ti-punch. Un responsable de Netflix s'approche alors. Tout le monde dit que les plates-formes c'est le présent et l'avenir, y a peut-être des débouchés, même pour moi... Mais, très vite, c'est la douche froide. Le type, cadre de sa boîte, m'explique qu'il y a une charte éthique dans sa formidable multinationale : en gros, 95 % des projets doivent être réalisés par une femme, incarnés par un transgenre et écrits par un Noir (ou inversement). Le temps que je trouve un chirurgien de confiance ou un salon Point Soleil qui propose deux mille séances d'UV à un prix abordable, j'aurais l'âge de présenter un jeu sur France 3.

Je me dois à présent de faire le bilan comptable et il n'est guère folichon. D'abord heureux complice, je suis au final la victime du plus gros canular média de l'histoire qui ne sera jamais divulgué, alors que, ironie du sort, j'avais fait du piège télé ma marque de fabrique avec mes camarades d'Action Discrète. J'ai fait un check-up plus global et, selon les chiffres officiels du cabinet ministériel du calembour, j'obtiens sur la totalité de mon œuvre un ratio d'environ 26 % de blagues réussies tous programmes confondus (à raison de douze blagues minimum chaque semaine depuis dix-huit ans). D'aucuns diront que c'est un score honnête pour un comique dans ce secteur car un spécialiste sait que la fréquence média est assassine : trop de présence, trop de blagues, et forcément à terme moins d'efficacité. Mais je ne peux m'en contenter. Quoi qu'il en soit, aujourd'hui, c'est la vision d'ensemble de mon métier qui est bouleversée. Mais au fait, est-ce mon métier ? D'ailleurs, est-ce vraiment un métier ? Être payé pour vanner ses contemporains et la société, c'est une activité ? Tomber à pieds joints sur la moindre faiblesse ou jugée comme telle chez un être humain, tout cela pour susciter un petit ricanement chez un autre être humain, cela mérite-t-il vraiment d'être salué ? Et salarié ? Le sujet bascule et les questions les plus sordides avec : M'arrive-t-il de donner du plaisir à mes semblables ? Probable. Mes parents et mes proches sont-ils parfois un peu fiers de moi ? Je crois. Suis-je plus important pour les gens que leur fromager ? Pas gagné. Mais la vie est parfois bien faite car, rapidement, mon esprit alerte, mon cœur altruiste et une profonde envie d'éviter de filer cent balles à un psy me font vite prendre conscience que la solution peut venir de moi. Pour progresser, pour m'améliorer et pour ne plus me retrouver dans ce genre de cataclysme, c'est également mon regard sur certains qui doit changer. Pourquoi cette hardiesse d'esprit dans mon humour ? Pourquoi imaginer que tous ceux que je n'apprécie pas trop ont un mauvais fond et méritent une bonne vanne ? Quand Vianney, Amir ou Coldplay écrivent une chanson, ils ne pensent pas à mal. Quand les Chevaliers du Fiel, Dany Boon ou Gaspard Noé réalisent un film, ils ne pensent pas à mal. Quand Denis Brogniart, Salah Abdeslam et Vladimir Poutine décident d'aller faire un peu de tourisme, ils ne pensent pas forcément à mal. Suis-je moins cynique et pathétique que le monde que je crois dénoncer ? Critiquer la merde tout en s'en nourrissant, n'est-ce pas un peu déplacé ? Sébastien, ne serait-il pas temps d'aider l'époque plutôt que de la moquer ? (Je m'interroge, je me réponds, je réfléchis. Forcément il y a un blanc.) Mais bien plus important, et si on m'aidait moi ? Parce que dehors, c'est terrible, dans la rue ou dans la presse, plus personne n'évoque mon « affaire », je suis marron des deux côtés ! Fin 2022, le monde ne parle que d'Ukraine, de réchauffement climatique et d'inflation… Comme si c'était si important ! Il y a deux ans, on nous bassinait avec la grippe du pangolin, à présent c'est la variole du singe… et la phlébite du clown, on en parle ? Les Occidentaux, avec leur petit confort, leur petit crédit, leur petite perche à selfie, imaginent-ils une seule seconde ce que je suis en train de vivre quand on pense à ce que j'aurais dû vivre ? !

Ce piège ultime aurait tellement fait rire les Français, il aurait fait du bien à ce pays qui en a tant besoin. Dans la foulée, on sauvait Canal+ et ma carrière, enfin, si on peut appeler ça une carrière. En plus, je serais devenu le fils prodigue de Vincent Bolloré, et c'est vrai que c'est toujours sympa d'avoir un parent milliardaire. Mais on m'a dupé, on m'a menti, on m'a trahi, alors que j'étais prêt à sucer pour un CDI, mais oui ! Je n'ai jamais voulu être un comique engagé mais un comique embauché ! Je voulais casser la baraque et, résultat, j'ai cassé MA baraque ! Quelle tristesse. Mais, faut pas croire les journaux, je reste digne, je prends sur moi, je ne m'épanche pas, je garde le cap, je ne regarde pas derrière moi, je continue ma voie... et sincèrement, pour une fois, disons les choses : notre république est en danger, notre démocratie en lambeaux et notre planète en sursis. Alors je n'ai d'autre choix que d'oublier toute cette malheureuse épopée et d'enterrer le sujet à jamais, ne serait-ce que par dignité, ne serait-ce que par humanité. Allons, franchement, les yeux dans les pages, est-ce que vous m'imaginez, par exemple, sortir un livre sur mes petits états d'âme et espérer vendre ça dix-huit euros quatre-vingt-dix au premier couillon !? Ooooh non... C'est pas moi ça... C'est pas vous ça... C'est pas lui ça.... Chagrin d'humour.

Table des matières

Composé et édité par HarperCollins France.
Achevé d'imprimer en octobre 2022.

FIRMIN-DIDOT

à Mesnil-sur-l'Estrée (Eure).
Dépôt légal : novembre 2022.

Pour limiter l'empreinte environnementale de ses livres, HarperCollins France s'engage à n'utiliser que du papier fabriqué à partir de bois provenant de forêts gérées durablement et de manière responsable.

Imprimé en France